对标最佳实践

——实现维修、可靠性
　与设备资产管理的卓越绩效

（原书第3版）

BENCHMARKING BEST PRACTICES FOR MAINTENANCE, RELIABILITY AND
ASSET MANAGEMENT: UPDATED FOR ISO 55000 THIRD EDITION

〔美〕特里·维尔曼（Terry Wireman）　著

董良　孙慧凌　译

机械工业出版社

本书着眼于当今制造业企业面临的诸多挑战，从资产管理/设备管理的理论和实践入手，为企业提供了一套完整的具有可操作性的解决方案。

本书首先简要描述了当前企业资产管理中存在的典型问题，又通过调查问卷，为企业提供了全方位深入了解自身资产管理状况的有效工具，之后，深入阐述了对标管理，如何正确理解资产管理对标的含义、目的、流程和方法，并对资产管理的各个维度和层面给出了实际有效的指导意见：从维护管理组织架构的设置，到工单系统的有效运行，维护计划与排程的操作，维护采购与库存管理的优化，再到维护管理报表系统的设计与执行，以及维修维护管理系统和企业其他管理系统的集成，最后到对标最佳实践的具体操作。这些全面以及细致的阐述不仅能够帮助企业回答"在哪里""应该去哪里"，更给出了"如何去"的有效途径，为企业提升资产收益率、增强综合竞争力提供了非常有价值的指导。

本书可供企业设备管理、可靠性及维护维修管理人员和工程师全面系统性地了解和掌握资产管理及对标管理，以及如何通过 ISO 55000 标准的认证，也适合资产管理的咨询、培训、IT 及其他相关人员用作参考书。

致中文读者

将我的《Benchmarking Best Practices for Maintenance, Reliability and Asset Management: Updated for ISO 55000 Third Edition》一书翻译成中文出版，我感到非常荣幸！我必须感谢 SKF 的董良博士和孙慧凌博士为翻译本书所做的努力。我也要感谢 SKF 公司对本书以及中文翻译市场价值的置信。

资产管理的 ISO 55000 系列国际标准唤醒了公司的管理者：他们需要更多地关注他们的资产，无论所处的资产生命周期阶段和状态如何。更多地关注资产管理必须伴随着增加对资产管理系统的内容以及支持资产管理所需工作的了解。

由于高达 95% 的资产生命周期成本是在资产的运营和维护阶段产生的，所以必须更加重视这些主题。然而，公司似乎迷信于设计，总是购买新设备来取代旧设备。同样的公司似乎也专注于通过大修和大规模的改造来重造他们的资产。然而，这些公司却没有把同样的严谨性用于资产的妥善维护和运营。

希望本书的翻译和出版有助于中国的企业在资产管理、可靠性和维护管理方面能够避免其他国家一直在犯的同类错误。看到我的书能以中文出版我非常高兴，希望能为读者及他们受雇的公司带来成功。

特里·维尔曼
（Terry Wireman）

译 者 序

自改革开放以来，中国制造业取得了非凡的进步，也奠定了中国经济快速发展的基础。然而由于发展的必然规律，以及当前国内外经济形势的变化，中国制造业企业也面临着前所未有的挑战——做久、做大、做强。生存与发展的挑战要求企业在向外寻求机遇的同时，也必须把眼光投向内部，寻找不断改进和提升的途径与办法，以应对原材料价格的日益上涨、劳动力成本的不断提升和产品市场的激烈竞争。而资产管理正是企业必须关注的要点之一。随着 ISO 55000 系列标准的出台，资产管理的重要性和价值正在为越来越多的企业所认识。如何改变凭经验的粗放式管理模式，提升资产收益率，使资产管理成为新的利润增长点，是大多数中国企业亟待解决的问题。

译者董良先生 1991 年在挪威工学院取得工学博士学位，1993 年完成博士后研究。此后，一直在挪威从事资产管理、可靠性、维修管理、安全管理、风险管理和信息化等方面的研究、开发和咨询工作，为许多国际石油公司做过服务项目。2005年加入斯凯孚（SKF），继续从事资产管理和可靠性等方面的研究、开发、咨询和培训，业务涉及众多国际公司以及中国的国企、私企和股份制企业。

译者孙慧凌女士 2007 年在英国拉夫堡大学取得系统风险与可靠性评估博士学位，并于同年加入 SKF 中国，一直从事资产管理与可靠性评估等咨询服务工作，并为多家国内外客户提供资产管理相关培训。所服务的客户不仅包括中国大陆的冶金与电力等资产密集型企业，与中国台湾地区及东南亚国家的电子、食品制造与电力等行业的企业也多有交流与合作。

在和企业沟通与合作过程中，我们深切感受到企业的各级管理人员对于提升资产管理/设备管理水平的迫切要求，也意识到由于起步较晚，国内在该领域尚缺乏一些既有坚实理论基础，又有较强实践性的综合资产管理/设备管理的参考读物。尤其是资产管理对标方面的书籍少之又少。机缘巧合，2010 年，在新加坡举办的SKF 亚太区资产管理大会上，我们有幸结识了本书作者特里·维尔曼（Terry Wireman）先生，并得到了本书的英文原著。读罢此书我们认为，若能将其翻译出版并在中国市场发行，将为中国企业，尤其是资产密集型企业提供实际有效的指导。

维尔曼先生是一位知名和受人尊重的美国咨询教育家，在资产管理/设备管理领域有着丰富的实践经验。作为一位国际专家，他已经协助数以百计的遍及北美、欧洲和太平洋沿岸的企业改善他们维护维修和资产管理的效益。

对标管理是不断提升企业资产管理水平的一个有效方法。它关注于了解和学习优秀企业的资产管理的最佳实践，发现差距和不足，制订并落实改进措施，检查绩效的提升。此过程不断进行，逐步实现资产管理的持续改进和完善。

本书应用典型的管理模型，全面系统地介绍了资产管理，尤其是维护维修管理的目标、任务、职责和绩效，以及对标资产管理最佳实践的理念、方法和流程。既包括企业文化与维护组织架构的设置等策略性问题，也包括如何有效运行工单系统及实施维护计划与排程、如何建立预防性维护体系、如何优化维护库存与采购管理、如何设计与实施维护管理报表系统，以及如何将维护管理信息系统与企业其他系统有机集成等战术性问题。因此，无论读者是企业的高层管理人员，还是维修部经理、主管或计划人员，或是与资产管理相关的其他职能部门的管理人员，都会在阅读本书的过程中有所收获。

需要说明的是，中文有维护和维修之分，但对应的英文只有 Maintenance 一词。因此，本书翻译中，译者根据中国企业的习惯，在不同的地方，译成维护、维修或维护维修。不妥之处，敬请谅解。

最后需要指出的是，原著作者的实践经验主要来自美国的制造业，其视角也主要基于美国制造业企业资产管理的现状和改进与提升的需求。因此，本书中的某些具体内容，如某些指标的参考值，可能不完全适合中国企业与之简单的对比。但译者认为这并不会削弱其对于中国读者的指导意义。美国在世界制造业居领先地位已经 100 多年，鉴于制造业发展轨迹的相似性，反而更能够为中国读者提供有意义的借鉴。

若本书能够如译者所愿，为中国企业，尤其是资产密集型企业的资产管理/设备管理提供有意义的指导、借鉴，甚至思路，从而对企业做久、做强、做大有所帮助，那将是我们最大的欣慰！

董良　博士

liang. dong@skf. com

dong_liang_norway@126. com

孙慧凌　博士

natalie. sun@skf. com

sdsunhuiling@126. com

于北京

P.1　对标维护维修管理的最佳实践

维护维修，很多时候人们是以消极态度提及的。对几乎所有组织来说，维护维修功能被看作：一个不可回避的恶魔；一种费用；一种保险；一种不幸的修理功能；家里的女主角。

因此，我们花费了太少的时间或精力去管控维护维修活动和相关费用。由于过去维护维修没有在预算上得到足够的重视，充其量是增加或减少10%。大多数组织都在关注提升利润率，而维护维修开支是生产费用或拥有成本的一部分，所以注意力开始转向对维护维修开支的财务问责，也的确发现相当一部分钱花得缺乏管理和控制。

如果要控制成本，就必须对维护维修做适度的管理控制。但要成功地控制维护维修，就必须制定适当的管理政策并使其付诸实践。此外，许多组织已经设法使用基于管理生产或设施的标准方法来管控维修。这种实践现在没有，将来也不可能成功。这是因为维护维修是一个独特的业务流程。如果要成功地管理它，就需要采用一种不同于其他业务流程的方法。本书的目的是介绍如何正确管理维护维修。本书并不能对所有的维护维修管理问题提供全部答案，但是它将提供一个系统性的构思，使得维护维修决策人员能够选择最成功的方式来管理他们的业务。

P.2　资产管理业务

资产管理业务的第一步是理解维修在整个企业业务中的位置。国际层面的努力于2014年1月完成了一部资产管理的ISO标准。因为是刚刚颁布不久，许多公司还需要一些时间来决定是否主动做这个标准的认证，还是等到以后被强制这么做。

如果一个ISO标准在国际资产管理业界得到了广泛的认可，那么它对一个公司的整体业务一定有着积极的影响。不然，一个标准只是被谈及，高层决策者则不会关注对它的贯彻执行。ISO 9000（质量）标准之所以在世界范围内得到了接受，是因为对它的遵守成为一项业务要求。一旦高层决策者认识到它对于长久利润率的重要性，他们就会强制所管理的公司必须遵从这个标准。

这就是为什么视线对任何业务是如此重要。视线是组织的目光对准一个目标。它聚焦于公司的业务流程，并将其连接到公司要实现的总体业务目标。它可能是遵守政府的法规，因为这对许多公司是很重要的。但对大多数公司来说，他们的视线是盈利能力。对这些组织来说，他们需要回答这样一个问题：遵守一个资产管理标准如何有助于公司提升盈利能力？

对于以盈利为目的的公司，其视线可以用图 P-1 来说明。

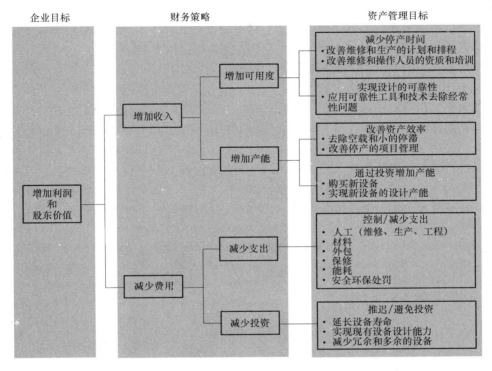

图 P-1　资产管理的视线

提升利润和股东价值使得公司采用绩效指标，如资本投资回报率（Return on Invested Capital，ROIC）或资产回报率（Return on Assets，ROA）。用最简单的术语来说，这两个指标都是利润除以提供利润的资产的投资，这是大多数股东都关注的。作为一个国际性的资产管理指标，资产回报率对大多数公司都很重要。真正的资产管理意味着管理资产的全生命周期。很多公司对资产过度投资，就是为了工厂/设施的主线出现故障时能有备用的工艺流程/生产线。很快就能看到经营模式对公司 ROIC 或 ROA 指标的影响。美国麻省理工学院艾锐克．布林约夫森（Erik Brynjolfsson）教授做过的一项研究表明，仅在美国就有超过 2 万亿美元未被充分使用的资产，那么全世界范围呢？

另外一些公司设计和安装了不能满足后来业务要求的设备/资产。一旦进入设备/资产的使用和维护阶段，它们无法满足生产能力的要求，进而被超出设计能力运行。从而导致设备不可靠，故障频出，并且短寿。这也对 ROIC 或 ROA 指标有严重影响。没办法，公司只好再投资购买新设备，以便生产线能够恢复到可以接受的产能，并维持其全部生命周期。

必须强调的是，当一个公司使用视线这个术语时，他们必须关注所要实现的业务目标；对大多数组织来说，就是通过增加利润率来提升股东价值。当组织查看实施一项资产管理标准的价值时，几乎所要的数据都表明绝大多数财务收益来自维修和可靠性实践的改善。如果公司希望实施一项资产管理标准，那么应当确保实施的目标是改善他们的经营，否则就找不出理由来实施这项标准。

P. 2.1 资产全生命管理和资产管理标准

为什么资产全生命周期这一术语对于一个资产管理标准的建立至关重要呢？如果公司要采用具有实际意义的资产管理标准，那么这个标准就必须建立在文档化的资产管理基础上。毫不夸张地说，有数以百计的设施管理、企业管理、工程设计和其他相关的书籍在讨论这样的问题，全球也有大量的工程课程讲授这类题目。如果一个资产管理标准不能包含已被接受的工程原理，那么这个标准将很难被业界所接受，因为他们是这个标准的最大受益者。

接下来参照图 P-2，简要介绍一下资产生命周期的每一个主要阶段。

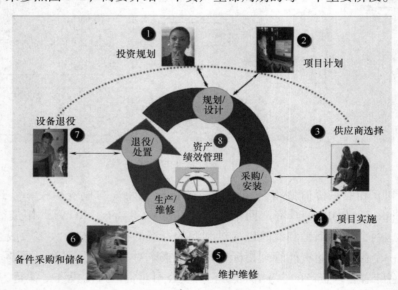

图 P-2　资产生命周期的主要阶段

1. 规划（资产需求和可行性评估）

资产生命周期起始于新需求的发现，如一个新的能被生产和销售的产品或服务，或者是某个现有产品和服务有了更大的市场需求，或是需要另一个生产基地。对资产的新需求也可能出于要满足新的法律和法规要求。

（1）战略规划　例如：

1）公司要拓宽经营范围，进入新的市场。

2）公司要增加在现有市场的份额。

（2）客户需求　如客户对现有产品或服务提出修改或增加功能的要求。

（3）法律法规要求　如按照新法律法规的要求，需要对现有建筑、设施和流程设备等进行大量修改。

2. 项目规划（资产设计）

资产全生命周期的这个阶段是确定所需要的资产。根据上一阶段所提出的要求确定资产的功能和规范。对于所要选用的资产设备，必须符合可靠性、维修性、设计寿命和总拥有成本（Total Cost of Ownership，TCO）的要求，如设施要使用多少年，需要多少员工，所需要的暖通空调系统的流量以及不同季节的功率是多少等。这个要求清单可能相当的长，对于这个题目，已经有大量的教科书，如闵斯（R. S. Means）所著 1999 年出版的《设施运营和工程参考》（Facilities Operations and Engineering Reference）都有涉及。

除了上述设施的例子，还有其他的也需要考虑。例如，一条新生产线能满足企业所确定的业务要求，但如果上这条新线，那么所涉及的设备需要考虑相应的可靠性、维修性、设计寿命和 TCO。在生产能力方面，要考虑设备需要连续运行还是周末停工？可靠性（设备无故障运行时间）和维修性（设备需要多长时间能恢复到运行状态）对于设备的开机率以及新产品或服务的利润率的决策是至关重要的。

由此引出了成本效益分析（Cost-benefit Analysis）。举例来说，一个公司要设计一个能容纳 500 人的大楼，那么人员减到 100 人怎么办？反过来，如果未来雇用了 1000 人又怎么办？任何情形的发生都是以费用为代价的。现在考虑一下生产线的情形。如果规划每小时生产 1000 瓶啤酒，那么公司应设计一条每小时生产 10000 瓶的生产线，还是每小时生产 500 瓶的生产线？设备的设计如果不是基于公司的长远规划，那么公司财务的代价将是巨大的！

应该记住的是资产在这个阶段还只是文档、图样或蓝图。除了可行性研究，还没有主要费用产生。事实上，一些关于设备全生命周期费用的文章说，全生命周期费用的 90% 是由资产设计工程师确定的（无论他们知道与否）。当然，这 90% 的全生命周期费用要等到资产进入操作和维修阶段才发生。遗憾的是，大多数公司都忽略了这个事实，没有特别关注投资规划阶段，以至于没能实现所规划的利润率。

资产设计阶段，设计工程师将集中于以下三项计算：

1）可靠性（Reliability）　可靠性是指一个确定资产能履行其预期功能的无故障时间的参数，经常用平均无故障时间（Mean Time Between Failure，MTBF）来表示。

2）可维修性（Maintainability）　可维修性是指一个确定资产发生故障后恢复到正常工作状态所需时间的参数，经常用平均维修时间（Mean Time to Repair，MTTR）来表示。

3）成本效益分析（Cost Benefit Analysis）　成本效益分析是指一个确定资产投

资收益对比全生命周期成本的参数，可以用 ROIC 或 ROA 来表示。

那么，设备如何从绘图板到工厂生产车间？上述计算对设备的全生命有什么样的影响？一个公司如何才能实现其资产收益最大化？

3. 建设和资产采购

资产在生命的这个阶段被制造或采购了。最初的制造或采购费用这个时间发生了。如果设备是内部制造的，为了实现对公司、股东和利益相关者的最大投资回报（ROA/ROIC），就必须利用所有相关的设计文件、产能研究、可靠性和维修性规范、法规要求等。无论是建设一栋建筑、一个流程或是一条生产线都是一样的。

如果设备需要采购，那么所有相关的设计文件、产能研究、可靠性和维修性规范、法规要求等都要提供给供应商，以便他们按照要求制造或采购设备。公司将按照同样的规范和要求审查交付的设备，以确保设备是符合要求的。

如果是对现有设备做修改或重新设计，那么在项目实施过程中，上述对于新设备所要求的规范也是需要的。当项目结束时，设备也需要按照所要求的设计功能和财务预算进行审核。

4. 设备安装和调试

资产生命周期的这个阶段，设备不管是自己制造的、采购的还是翻新的，都要被安装到工厂的具体功能位置上，这是一个施工或安装项目。由于权威、教授或从业者看问题的观点不同，他们对于设备全生命的划分也有所区别。图 P-3 所示为本杰明 S. 布兰查德在他的工程硕士教科书中的划分。

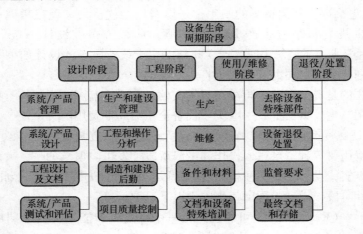

图 P-3　设备生命周期的阶段

注：来源于美国弗吉尼亚州立大学理工学院的本杰明 S. 布兰查德教授的
《生命周期费用和经济分析》。

可以看出，他把建设、设备的采购和安装归为一个阶段。当然，换一个人也可能将这些活动分为厂房建设和设备安装两个阶段。这个阶段非常重要，因为低质量的厂房建设和设备安装将无法实现设备所设计的可靠性和维修性。例如，如果设备基础的地基存在缺陷，设备将无法实现所设计和制造的可靠性和开机率的指标。

项目的这一阶段也包括设备的调试和试运转。对于建造的厂房，将做最后的检查和验收，然后所有权从建设者交付所有者。类似地，所有的装置和设备也要做功能和工艺测试，以确保满足所设计的功能规范。

装置成功试车后，其拥有权就从供应方（内部或外部）转交到公司。所有相关的说明书、手册和图样等文档也要交付给公司。很多情况下，所提交的是电子文档。这可能要求供应商将资产的相关数据上传到公司的计算机化的维修管理系统（Computerized Maintenance Management System，CMMS）或企业资产管理系统（Enterprise Asset Management，EAM）。从这时起，资产进入其生命周期的操作和维修阶段。

5. 设备的运营和维护维修

在这一阶段，资产开始提供其生命周期前一阶段所预期的生产或经营服务。使用者所要做的可绝不只是进入厂房和工作室，按动按钮来操作生产线和工艺，还要确保能按照设计规范交付产品或服务。这将涉及两个方面，即操作和维护维修。

从操作的角度，要确保交付是按照设计的功能和性能。要检查：是否能够按照设计能力容纳使用者？暖通空调系统是否舒适？洗手间是否令人满意？任何系统没能实现设计要求，如建筑物空间比设计的小、生产不能够实现设计的产量和质量、设备的可操作性不能满足最初的设计规范等都不能通过验收。

从维护维修的角度，设备是按照所要求的可靠性和维修性参数设计的。那么它们能够实现所设计的 MTBF（可靠性）及 MTTR（维修性）吗？如果不能，知道原因吗？维修技术标准和操作规范能保障设计功能的实现吗？如果不能，是什么原因？前面已经说过设备生命周期费用的 90% 是在这个阶段发生的，主要分为人工、材料和承包商服务费。

有些公司试图减少这些维修费用，以至于设备无法被妥善地维护和维修。如果这种情形发生，设备将无法提供所设计的产能、产品质量或维修性。某些情况下还可能带来灾难性的后果，给公司的形象造成负面影响，以及财务罚款（近来的确有一些公司被处罚了）。因为维修费用不足，尤其是建筑物，无法达到预期寿命，也可能导致过早大修、翻修甚至报废。这些情况下，最初承诺给股东和利益相关者的投资回报率 ROA/ROIC 将无法实现。如果是上市公司，公司的股票价格也将受到影响。

资产生命周期的这个阶段，信息管理非常关键。相关设备维护维修的数据录入到 CMMS/EAM，确保在计划的费用范围内设备设计功能的实现。这些数据对于资产相关业务的不断改善是必不可少的。

6. 资产的改造或翻新

一些教科书、教授和公司等，把本节视为一个单独的生命周期阶段，而其他人将它纳入维护和操作阶段。围绕计划停机、非计划停机和维护维修都集中在将劣化的资产恢复到可接受的状态，以确保原始设计能力可以实现。对于建筑物，他们将被翻新到一个新的状态，以确保结构的安全可靠。在这种情况下，较旧的资产被重新设计并升级到当前的市场标准，使其能够满足新的建筑规范或新的生产规范。需要更换的资产进入其生命周期的最终阶段。

7. 资产的拆除、退役和处置

在资产生命周期的这个阶段，它们该退役和被处置了。在某些情况下，退役只是将工艺组件或整条生产线拆除并找机会卖掉。一个工艺或生产线退役，它可能被用于工厂或设施仍在运营的其他资产做备机或备件。最终会有一个时间，其余的组件被作为废品出售。

另一个流行的资产处置方法是卖给另一个公司。这可能发生在公司决定剥离某一产品或当前市场的某一部分产品。另一个公司购买了这些资产，经过改装后继续生产相同或类似的产品。

然而大多数情况下，设施（例如建筑物）很可能不能做零件处理，相反，它将被整体处置。空置的建筑结构通常很快要承担法律责任，这也鼓励公司要尽快地出售这些废弃的资产。根据资产的性质，退役时也可能要考虑监管的要求。如果它对环境可能有危害，则其处置必须满足相应的法规。根据资产所在的国家和地区，具体要求不尽相同。在美国，有联邦职业安全和健康管理局（OSHA，Occupational Safety and Health Administration）、环保署（EPA，Environmental Protection Agency）以及各州和地方法规，必须遵守。

最终，通过所有必要的流程和手续使资产退役，从公司资产登记册上去除，完成退役和处置。

8. 绩效管理

资产生命周期管理的绩效管理经常被忽视。然而，如果考虑图 P-2 的中心，绩效管理在资产的整个生命周期中是至关重要的。绩效管理有很多不同的方面，如果一家公司无法衡量资产的表现，它就无法实现下一代资产的改进。绩效管理确实关键，公司的每一个资产最初都是为了提供新产品或服务而构思并设计，是为了在工厂或设施中执行某项任务。一些绩效指标要能够审计已安装和运营的资产是否与其原始规划和设计相符合。无论是一个建筑，应该容纳 500 人，每天工作 8h，每周工作 5 天，使用 40 年；或是一台泵应该每分钟提供 100USgal 的液体，每天工作 24h，每周工作 7 天，使用 15 年；必须问的问题是"它实现了原始规划和设计的性能吗？"

如果是，表现令人满意。如果不是，那原因是什么呢？这就是典型的 CMMS/EAM 应该被应用的绩效监测。这类系统可以跟踪 MTBF 和 MTTR。还可以跟踪为了保持资产设计性能所需的人工和材料成本（无论是内部、外部承包商还是它们的组合）。

虽然没有什么高级和特殊性，但在资产寿命期间的确需要测量一些绩效，以便将来的改进。在跟踪了生命周期的这些信息后，可以将其反馈到公司下一代资产的"构思"和"设计"阶段。之前资产中的任何弱点可在下一代资产的规划和设计中得以纠正。没有这种绩效测量的反馈，公司将无法在各自市场中提高其竞争力。

图 P-4 提供了另一种在资产生命周期查看问题的方法。

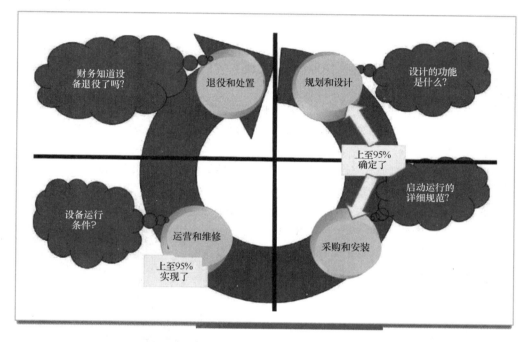

图 P-4　全生命周期决策

高达 95% 的资产生命周期成本在设计和安装（采购和建设）阶段就被确定了，尽管大部分费用直到操作和维护阶段才实际发生。因此，当一个组织与另一家公司对标时，它们的维护维修支出可能存在显著差异，但这并不一定是维修组织的过错，很可能是设计或项目工程阶段的决策造成运营期间维修成本比较高。这个事实对任何对标项目中的维修活动都会有非常大的影响。

P.2.2　PAS 55 和 ISO 55000

在考虑了维修和可靠性在资产生命周期的作用后，非常有必要进一步考虑资产管理这个主题。对于了解 PAS 55 和 ISO 55000 资产管理标准，有三个非常重要的定义，它们是：资产；资产管理；资产管理系统。

资产管理协会（The Institute of Asset Management，IAM，网址为 www.theiam.org）

将资产定义为"有实际或潜在价值的事物。ISO 55000 将资产定义为"对组织具有潜在或实际价值的物品、事物或实体"。虽然这两个标准都关注实物资产,这个概念可以应用于所有资产,包括组织拥有的财务。真正的问题是如何管理资产为公司或组织提供最大的价值。

这就是资产管理术语的意义所在。资产管理将组织的业务计划转换为实现资产最大价值的协调活动。

正确管理资产要求组织以文字方式确定业务目标,并将其转化为资产管理的目标。在 ISO 55000 标准中,此文档称为资产管理战略规划。资产管理系统是一组交互元素,用于建立资产管理政策和资产管理目标以及实现这些目标所需的所有过程。资产管理系统将确定以下组成部分:

1）资源。确保资产管理目标的实现,如资金、人力等。

2）能力。确保参与资产管理的人员基于他们所受的教育和培训有足够的能力。

3）意识。人员的工作态度会直接影响资产管理目标的实现。

4）通信。与内部和外部利益相关者沟通相关的资产、资产管理和资产管理系统。

5）信息。资产、资产管理和资产管理系统必须拥有的数据和信息。

6）文档。符合 ISO 55000 标准的资产管理文件系统。

必须确定和规范上述要素,以确保组织的资产管理目标得以最终实现。

在资产管理系统中,资产生命周期的活动被确定了。这些活动在资产生命周期中应用于资产组合,以便为组织提供最大化的价值。ISO 55000 以图 P-5 示意了这些术语之间的关系。

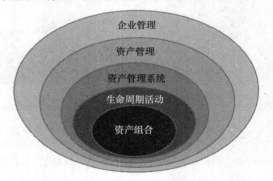

资产管理目的和目标一经确立,就要建立一个资产管理系统,以确保目的和目标的实现。包含在资产管理系统内的是资产生命周期的各个阶段,直接作用于资产的各项活动。核心之处是资产管理系统范围内所有的资产组合。

图 P-5　相关术语间的关系

尽管资产管理不仅仅是维修和可靠性,但许多活动都是关于维修和可靠性的。如前所述,维修和可靠性在资产的生命周期中起着重要的作用。在图 P-5 中,生命周期活动圈是维修和可靠性施加最大影响的范围。如果要和最佳实践对标,就必须清楚地了解维修和可靠性以及其他组织中所有和资产管理相关业务功能的关系。

P.2.3　小结

　　为什么这些信息对任何组织评估其维修和可靠性功能都非常重要？这是因为许多组织都想将其维修与可靠性的成本和最佳实践对标。如果成本在资产生命周期的设计和工程项目阶段就规划好了，那么在对标项目期间这些因素应该被特殊考虑，因为它们对维修成本有潜在的影响，尤其是维修成本高于对标项目中的任何参与方时。对于任何维修对标项目，了解生命周期决策对于维修功能的影响始终是要素之一。

　　据估计，美国 1979 年用于维修的费用超过 2000 亿美元。这对任何人说来都是一个相当大的数字。然而，比这个数值更令人困扰的是，其中约 1/3 是不必要的花费（浪费）。持续到今天，维护维修政策没有显著的变化，这表明可能存在的浪费仍然约有 1/3。维修成本的最大变化是数值。自 1979 年以来，维护维修成本每年上升了 10%～15%。照此估算，美国现在每年用于维修的支出很可能超过 2 万亿美元。如果浪费的比例保持稳定（约为总成本的 1/3），也没有迹象表明该比例正在变化，很有可能公司正在浪费的费用比他们 35 年前用于维修的成本还多。这些成本如图 F-1 所示。这些浪费发生在维修的什么地方？如何控制？最好用统计数字回答这些问题。

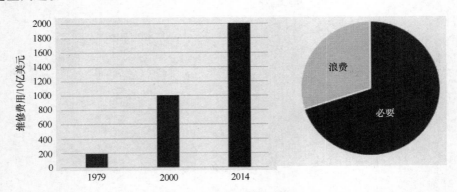

图 F-1　美国的维修费用逐年上升

　　1）每天 8h 全部工作时间中，维修人员花费在现场维修活动的时间不到 4h（见图 F-2）。比这个事实更令人震惊的是，大多数维修组织的人员动手时间（即现场操作时间）仅有 2h。这并不能归结于员工懒惰或推卸工作职责。事实是，管理者没给他们提供必要的资源，以完成所分配的任务。提供这些资源对于增加维修生产率和节约大量维修人工成本是非常重要的。如果将维修人员的工资视为资源，假设他们每小时工资是 20 美元，而有效工作时间仅有 50%，那么这里的浪费是巨大的！我们将在第 6 章介绍提高人员工作效率的方法。

　　2）只有大约 2/3 的维修组织有专职计划员计划维修的工作（见图 F-3）。但是，大多数组织的维修工作描述不清楚或是维修人员和计划员的比例不足。大多数

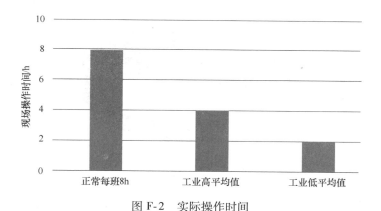

图 F-2　实际操作时间

专家都同意这一观点，这是节省维修成本的最大潜在领域之一，因为维修计划员有助于确保维修工作的效率和效益。据估计，计划性工作与非计划性工作的成本比率可能高达 1∶5。和非计划性的工作相比，100 美元的计划性工作有可能节省高达 400 美元。我们将在第 6 章探索维修计划人员的资格和职责。

3）大多数维修组织都不满意或者根本就没有他们的工单系统（见图 F-4）。这是维修组织现状最关键的指标之一。如果维修组织没有工单系统或没有正常使用，就无法监测或控制其维修维护活动。我们将在第 5 章讨论维修工单系统的重要性及其设置和使用。

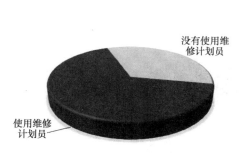

图 F-3　使用维修计划员的比例

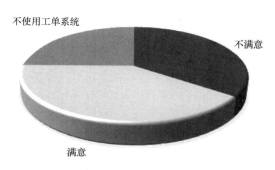

图 F-4　工单系统分析

4）在拥有工单系统的公司（所有公司的 1/3）中，只有大约 1/3 能够以工作计划和排程方式使用工单，实际上只占总组织的 10%（见图 F-5 和图 F-6）。这样使用的工单能够让管理者根据每项工作的工作量做出合理的人员配置。这将使维修管理人员脱离"我想我有足够的维修人员"或"让我们加班赶进度"模式，这也正是大多数组织今天的维修管理现状。能够有效地配置一直到高级管理层次的维修人员是维修管理的一项必要功能。我们将在第 6 章讨论工单排程及其意义。

5）在有工单系统的公司中，只有 1/3 将他们对劳动和材料的工作量的计划值

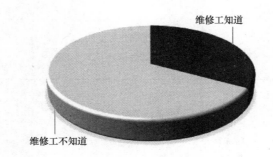

图 F-5　待执行的工单

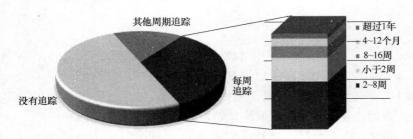

图 F-6　待执行工单的分解

与反馈的实际值相对比（见图 F-7）。这意味着只有大约 10% 的组织进行某种形式的绩效检查。成功的维修管理需要绩效检查。正确的绩效检查方法，包括维修分析，将在第 9 章中讨论。

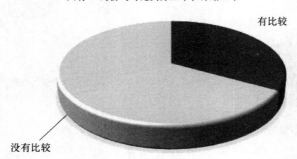

图 F-7　工单完成情况分析

6）在具有工单系统并且允许反馈的公司中，只有 1/3（约全部公司的 10%）对停机事件做故障分析（见图 F-8），而大多数公司只是做必要的零部件更换。要想实现高效率的生产和维修，就必须做故障分析（通常称为根本原因分析或RCA）。我们将在第 9 章讨论这个话题。

只有1/3的公司对设备故障做根本原因分析

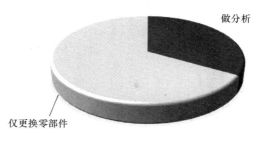

图 F-8　根本原因分析（RCA）

7）另一个关键指标是加班。在美国，加班的平均值约占维修组织工作时间的14.1%（见图 F-9）。这几乎是正常水平的三倍。维修工作这么多加班，它再次表明应急抢修对于维修工作已经成为常事。如果维修组织要真正有效益，减少加班是基础性的努力。我们将在第 5 章和第 6 章探讨减少加班的经验和方法。

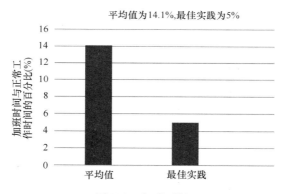

图 F-9　加班时间

8）预防性维修是维修管理成功的另一个重要部分。根据调查，只有22%的受访公司对预防性维修的现状满意（见图 F-10），这再次显示出维修组织的主要问题。没有成功的预防性维修，维修只能是对紧急情况做出反应，即应急抢修。预防性维修能够使组织积极主动，这意味着更多计划性和减少维修成本。超过 3/4 的组织表示需要改进。实施和改进预防性维修的方法将在第 7 章中讨论。

9）与预防性维修相关，几乎 3/4 的组织有某种形式的润滑路线和标准（见图 F-11）。虽然在表面上看似乎是积极的，其实并不尽然。许多组织认为预防性维修只是润滑路线和标准。因此，一旦有了这些，他们就停止了。但是，预防性维修远不止润滑路线和标准，而且知道润滑点和加油器还仅仅是入门级的。即使公司已经建立了润滑标准，技术人员的技能和培训的不足也会导致润滑标准的执行和绩效不符合要求，进而造成过高的故障率。要成功，维修组织必须要超越基础性的工作，全面开展预防性维修规程。

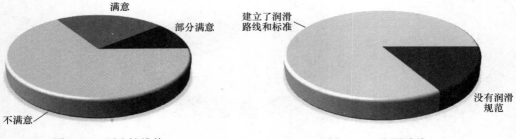

图 F-10　预防性维修　　　　　　　　　　图 F-11　润滑路线

10）与预防性维修有关的最后一个事实是生产/运营和维修之间缺乏协调。几乎 3/4 的组织都面临协调预防性维修和生产/运营方面的问题（见图 F-12），问题在于沟通。要么维修组织没有传达预防性维修的需要和必要性，要么生产/运营不能正确地了解预防性维修的好处。要想实现有效的维修，就必须建立良好和互信的沟通。

11）仅次于维修人工成本的是维修的材料成本。根据生产类型和设施的不同，维修材料成本占维修预算的 40%~60%（见图 F-13）。要成功管理维修，就必须仔细审查维修材料及成本。如何管理好维修材料及库存储备将在第 8 章中详细叙述。

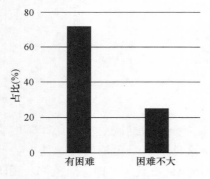

图 F-12　预防性维修的协调

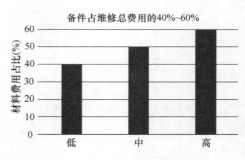

图 F-13　维修备件

12）通过库存积压来弥补维修材料的问题。这的确是一个问题，因为大多数人不会考虑每年库存持有成本超过物品本身价格的 30%。例如，100 万美元的库存每年储备成本超过 30 万美元。正是由于这个原因，库存必须保持在低水平，同时仍能提供令人满意的服务，以减少漏储导致的紧急订购。

13）维修功能只负责公司库存职责的 50%。这意味着库存职责另外的 50%，由其他的职能告诉维修应该储备什么、储备多少和可以出库多少。这是一个支持功能告诉客户如何经营他们业务的经典故事。

14) 说维修费用高，但他们说不出高多少。大多数情况下，维修费用计算的是为了修理所付出的维修人工和材料的成本。然而，这样的计算并没有考虑生产损失的成本。如图 F-14 所示，该成本可能是维修成本的 2~15 倍，平均比例通常为 4:1。因此，如果一次维修的人工和材料成本是 1 万美元，则包括生产损失的实际成本可能接近 5 万美元。据此，更细致地检查和控制维修成本难道还有什么疑问吗？据估计，未来几年每年的维修成本将超过每年投资在新资产上的资金。如果人们认识到审查年度资金支出的必要性，那么对维修支出仔细检查还有疑问吗？

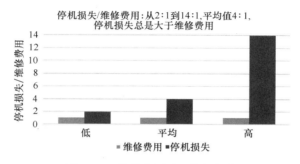

图 F-14　维修费用对比停机损失

前言描述了维修在今天的设施和工业界的基本情况。而第 1 章是一个系统性的分析，目的在于查看一个公司的现状。比起前言来，它能使公司更详细和全面地检查和了解其维护维修和资产管理的状况。

目 录

致中文读者
译者序
序
前言
第1章　维修管理分析 ·················· 1
1.1　维修组织 ······················ 1
1.2　维修培训计划 ·················· 3
1.3　维修工单 ······················ 4
1.4　维修计划和排程 ················ 6
1.5　预防性维修 ···················· 8
1.6　维修库存和采购 ················ 9
1.7　维修管理信息化 ··············· 11
1.8　运营/工艺职能的参与 ··········· 12
1.9　维修报告 ····················· 14
1.10　预测性维修 ·················· 16
1.11　可靠性工程 ·················· 17
1.12　维修的一般惯例 ·············· 18
1.13　财务优化 ···················· 19
1.14　资产管理的继续改进 ·········· 21
1.15　维修外包合同 ················ 22
1.16　文档管理 ···················· 23
1.17　结果 ························ 25
第2章　对标的基础知识 ············· 27
2.1　定义 ························· 27
2.2　驱动力 ······················ 29
2.3　定义核心竞争力 ··············· 29
2.4　维修和固定资产回报率 ·········· 30
2.5　费用和产能 ··················· 31
2.6　对标的类型 ··················· 34
2.7　对标的流程 ··················· 35
2.8　制订维修策略 ················· 36

2.9　实施一个对标项目 ············· 40
2.10　对标过程 ···················· 42
2.11　对标的陷阱 ·················· 45
2.12　程序审查 ···················· 46
2.13　小结 ························ 47
第3章　维修组织 ··················· 48
3.1　维修组织的目的和目标 ·········· 48
3.2　管理和维修 ··················· 51
3.3　角色和职责 ··················· 57
3.4　维修组织和人员配置 ············ 62
3.5　维修组织的演变 ··············· 63
3.6　小结 ························· 66
第4章　维修培训 ··················· 67
4.1　培训支出 ····················· 67
4.2　培训的价值 ··················· 67
4.3　培训计划 ····················· 68
4.4　小结 ························· 73
第5章　工单系统 ··················· 75
5.1　谁使用工单 ··················· 75
5.2　工单类型 ····················· 77
5.3　建立有效工单系统的障碍 ········ 78
5.4　小结 ························· 80
第6章　维修计划与排程 ············· 81
6.1　维修计划员与主管 ············· 81
6.2　计划失效的原因 ··············· 86
6.3　工作计划收益 ················· 87
6.4　维修排程 ····················· 88
6.5　小结 ························· 91
第7章　预防性维护 ················· 93
7.1　预防性维护的重要性 ············ 93
7.2　预防性维护的类型 ············· 95

7.3　预防性维护的收益 ·············· 97

7.4　设备故障类型 ·············· 98

7.5　制订预防性维护计划 ·············· 98

7.6　预防性维护任务的类型 ········· 99

7.7　小结 ·············· 101

第 8 章　维修库存与采购·········· 103

8.1　库存计划信息 ·············· 103

8.2　维修仓库的组织与管理 ········· 106

8.3　维修维护备件的类别 ········· 106

第 9 章　管理报表与分析 ·········· 111

9.1　维护维修报表 ·············· 115

9.2　日常报表 ·············· 115

9.3　周报表 ·············· 117

9.4　月报表 ·············· 119

9.5　一般信息报表 ·············· 120

9.6　小结 ·············· 126

第 10 章　国际领先的维护维修

　　　　管理 ·············· 127

10.1　国际市场 ·············· 127

10.2　国际领先和最佳实践 ········· 128

10.3　态度 ·············· 130

10.4　自动化技术 ·············· 131

10.5　固定资产投资收益率、维护维修

　　　管理与资产管理 ·········· 132

10.6　小结 ·············· 134

第 11 章　维护维修管理集成 ········· 135

11.1　典型的信息系统 ·············· 135

11.2　信息系统的有效运用 ········· 136

11.3　维护维修与业务规划的集成 ··· 137

11.4　小结 ·············· 140

第 12 章　维修管理最佳实践

　　　　对标 ·············· 142

12.1　寻找对标管理合作伙伴 ········· 142

12.2　对标管理中的相关变量 ········· 142

12.3　对标管理中的隐性因素 ········· 145

12.4　其他针对最佳实践的驱动

　　　因素 ·············· 146

12.5　小结 ·············· 153

维修管理分析

1.1　维修组织

1. 维修组织结构图

A. 当前的和完整的　　−4 分

B. 不完整或超过 1 年　　−3 分

C. 过时又不完整　　−2 分

D. 没有　　−0 分

2. 有详细的作业说明书

A. 所有维修岗位（包括管理人员）　　−4 分

B. 所有维修岗位（除了管理人员）　　−3 分

C. 只有维修管理岗位（操作岗位没有）　　−2 分

D. 不足所有维修岗位的 50%　　−1 分

E. 没有岗位工作描述　　−0 分

3. 维修领班和维修工的比例

A. 8∶1 ~ 12∶1　　−4 分

B. 12∶1 ~ 16∶1　　−3 分

C. 小于 8∶1　　−2 分

D. 超过 16∶1　　−1 分

E. 没有维修领班　　−0 分

4. 维修计划员和维修工的比例

A. 15∶1 ~ 20∶1　　−4 分

B. 10∶1 ~ 15∶1　　−3 分

C. 20∶1 ~ 25∶1　　−2 分

D. 25∶1 ~ 30∶1　　−1 分

E. 没有维修计划员　　−0 分

5. 维修组织职责分配

A. 完全的和文字记载的　　　－4分

B. 职责清晰、覆盖面好、容易调度的　　　－3分

C. 非正式性的监督和协调，一些工作没有涵盖　　　－2分

D. 维修职能汇报给生产/运营　　　－1分

E. 不明确的管理和裁定权　　　－0分

6. 维修组织的努力和态度

A. 优秀，所有级别的人员都很自豪　　　－4分

B. 稳定的工作效率和专业性的作业　　　－3分

C. 工作节奏一般，偶尔收到投诉　　　－2分

D. 偶尔努力，频繁工作延误，许多投诉　　　－1分

E. 维修组织内部以及和生产/运营持续不断的争执　　　－0分

7. 维护车间和工作区的位置

A. 完美　　　－4分

B. 很好，有些需要改善　　　－3分

C. 可以，很多需要改善　　　－2分

D. 不好，需要大幅度改善　　　－1分

E. 非常不好或不存在　　　－0分

8. 维修车间和工作区域的布局

A. 完美　　　－4分

B. 很好，有些需要改善　　　－3分

C. 可以，很多需要改善　　　－2分

D. 不好，需要大幅度改善　　　－1分

E. 非常不好或不存在　　　－0分

9. 维修设备和工具的质量和数量

A. 完美　　　－4分

B. 很好，有些需要改善　　　－3分

C. 可以，很多需要改善　　　－2分

D. 不好，需要大幅度改善　　　－1分

E. 非常不好或不存在　　　－0分

10. 基于绩效工资的维修人员的百分比

A. 全部100%　　　－4分

B. 大于90%　　　－3分

C. 大于75%　　　－2分

D. 大于50%　　　－1分

E. 小于50%或其他　　　－0分

1.2　维修培训计划

1. 要求性培训

A. 所有领取工资的人员都接受培训，还有额外强制性的培训　　-4分

B. 所有领取工资的人员都接受培训，还有额外可选的培训　　-3分

C. 大部分领取工资的人员都接受培训　　-2分

D. 大多数人能够参加偶尔不定期的培训　　-1分

E. 新员工很少得到入职培训，也很少或没有在职培训　　-0分

2. 计划员培训

A. 所有计划员/调度员都参与一个或多个关于维修计划和调度指南的专门会议　　-4分

B. 为所有计划员/调度员提供关于维修计划的书面培训　　-3分

C. 为所有计划员/调度员提供至少1个月的1对1工作培训　　-2分

D. 只为计划员/调度员提供工作中的培训　　-1分

E. 没有计划员/调度员的培训计划　　-0分

3. 计划员培训内容（每包含一项内容加1分）

A. 工单计划和执行

B. 物料计划

C. 计划排程

D. 项目计划

4. 质量和效率培训

A. 包括高层管理者、维修主管、维修工和支持人员　　-4分

B. 包括高层管理者、维修主管和维修工　　-3分

C. 包括高层管理者和维修主管　　-2分

D. 包括高层管理者　　-1分

E. 没有培训计划　　-0分

5. 维修工培训

A. 培训和薪酬及升职计划相关联　　-4分

B. 受聘需要工作经验，并提供在职培训　　-3分

C. 受聘需要工作经验　　-2分

D. 提供在职培训　　-1分

E. 受聘不需要工作经验，也不提供在职培训　　-0分

6. 提供给所有维修工正式培训的时间间隔

A. 不到1年　　-4分

B. 12～18个月　　-3分

C. 8~24个月 　　 −2分

D. 不是所有员工超过24个月 　　 −1分

E. 没有任何培训 　　 −0分

7. 维修培训的方式

A. 培训是教室和实验室练习相结合 　　 −4分

B. 培训都是在教室 　　 −3分

C. 培训都在实验室或车间 　　 −2分

D. 培训都在工作中 　　 −1分

E. 没有正式的维修工培训计划 　　 −0分

8. 培训教员

A. 培训教员是外部专家 　　 −4分

B. 培训教员是内部专家 　　 −3分

C. 培训教员是维修主管 　　 −2分

D. 培训教员是维修工 　　 −1分

E. 没有培训计划 　　 −0分

9. 维修工队伍的质量和技能水平

A. 完美 　　 −4分

B. 很好，有些需要改善 　　 −3分

C. 可以，很多需要改善 　　 −2分

D. 不好，需要大幅度改善 　　 −1分

E. 不适合 　　 −0分

10. 维修管理团队的质量和技能水平

A. 完美 　　 −4分

B. 很好，有些需要改善 　　 −3分

C. 可以，很多需要改善 　　 −2分

D. 不好，需要大幅度改善 　　 −1分

E. 不适合 　　 −0分

1.3 　维修工单

1. 维修人工消耗记录在维修工单中的百分比

A. 100% 　　 −4分

B. 75% 　　 −3分

C. 50% 　　 −2分

D. 25% 　　 −1分

E. 小于25% 　　 −0分

2. 维修材料消耗记录在维修工单中的百分比

A. 100%　　　－4 分

B. 75%　　　－3 分

C. 50%　　　－2 分

D. 25%　　　－1 分

E. 小于 25%　　　－0 分

3. 维修工单覆盖全部维修工作的百分比

A. 100%　　　－4 分

B. 75%　　　－3 分

C. 50%　　　－2 分

D. 25%　　　－1 分

E. 小于 25%　　　－0 分

4. 记录的工单（手动或计算机系统）关联到设备/资产号码的百分比

A. 100%　　　－4 分

B. 75%　　　－3 分

C. 50%　　　－2 分

D. 25%　　　－1 分

E. 小于 25%　　　－0 分

5. 维修工单具有优先级、如紧急、停机或急迫的百分比

A. 小于 20%　　　－4 分

B. 20% ~ 29%　　　－3 分

C. 30% ~ 39%　　　－2 分

D. 大于 39%　　　－0 分

6. 维修工单可以供历史数据分析的百分比

A. 100%　　　－4 分

B. 75%　　　－3 分

C. 50%　　　－2 分

D. 25%　　　－1 分

E. 小于 25%　　　－0 分

7. 维修工单由具有资质的人员审查工作质量和完整性的百分比

A. 100%　　　－4 分

B. 75%　　　－3 分

C. 50%　　　－2 分

D. 25%　　　－1 分

E. 小于 25%　　　－0 分

8. 工单签发后 8 周内关闭的百分比

A. 100%　　　–4 分

B. 75%　　　–3 分

C. 50%　　　–2 分

D. 25%　　　–1 分

E. 小于 25%　　–0 分

9. 预防性维修的点检/检查所产生的工单占全部工单的百分比

A. 80%～100%　　–4 分

B. 60%～80%　　–3 分

C. 40%～60%　　–2 分

D. 20%～40%　　–1 分

E. 小于 20%　　–0 分

10. 工单所包括的内容（每个类别加 1 分）

A. 需要停机的时间

B. 需要的工时

C. 所需的材料

D. 请求人的姓名

1.4　维修计划和排程

1. 非紧急工单在四周内完成的百分比

A. 超过 90%　　–4 分

B. 75%～90%　　–3 分

C. 60%～75%　　–2 分

D. 40%～60%　　–1 分

E. 小于 40%　　–0 分

2. 工单计划的内容（每项加 1 分）

A. 所需的人工

B. 所需的材料

C. 所需的工具

D. 具体的操作规范

3. 计划性工单由于计划质量差或内容不完全而造成延误的百分比

A. 小于 10%　　–4 分

B. 10%～20%　　–3 分

C. 20%～40%　　–2 分

D. 40%～50%　　–1 分

E. 超过 50%　　–0 分

4. 谁负责工单计划

A. 专职维修计划员 —4分

B. 维修主管 —2分

C. 维修工 —0分

D. 任何其他人 —0分

5. 维修工作排程

A. 每周 —4分

B. 每两周 —3分

C. 3～7天 —2分

D. 每天 —1分

E. 任何其他频率 —0分

6. 维修和生产/运营排程会议

A. 每周 —4分

B. 每两周 —3分

C. 3～7天 —2分

D. 每天 —1分

E. 任何其他频率 —0分

7. 待处理的维修工单所包含的内容（每项加1分）

A. 需要的人工

B. 请求的部门/区域

C. 请求人

D. 需要的日期

8. 作业完成后，由谁报告实际人工和材料消耗、停机等信息

A. 执行工作维修工 —4分

B. 当班的维修主管 —3分

C. 任何人 —2分

D. 信息不记录 —0分

9. 为了监测计划的有效性，工单的实际人工和计划人工相比较的百分比

A. 超过90% —4分

B. 75%～90% —3分

C. 60%～75% —2分

D. 40%～60% —1分

E. 小于40% —0分

10. 维修计划员和维修主管的汇报关系

A. 都向同一个维修经理汇报 —4分

B. 维修计划员向维修主管汇报 —2分

C. 维修主管向维修计划员汇报 －2分

D. 都向运营/设施经理汇报 －0分

1.5 预防性维修

1. 预防性维修计划包括（每项内容加1分）

A. 润滑检查表

B. 详细的检查/点检清单

C. 根据维修内容所指派的专业人员

D. 预测性诊断，如振动分析、油样分析、红外热成像仪等

2. 为了确保完整性，预防性检查/任务清单被核查的百分比

A. 超过90% －4分

B. 75%～90% －3分

C. 60%～75% －2分

D. 40%～60% －1分

E. 小于40% －0分

3. 工厂关键设备被预防性维修计划覆盖的百分比

A. 超过90% －4分

B. 75%～90% －3分

C. 60%～75% －2分

D. 40%～60% －1分

E. 小于40% －0分

4. 为了确保预防性维修的覆盖性，每年将其工单历史和设备故障历史相比较的百分比

A. 超过90% －4分

B. 75%～90% －3分

C. 60%～75% －2分

D. 40%～60% －1分

E. 小于40% －0分

5. 预防性维修工单在到期日的一周内完成的百分比

A. 超过90% －4分

B. 75%～90% －3分

C. 60%～75% －2分

D. 40%～60% －1分

E. 小于40% －0分

6. 如何确定预防性检查的时间间隔

A. 基于设备的状态　　　－4分

B. 基于设备运行时间和日历时间的组合　　　－3分

C. 只基于设备运行时间　　　－2分

D. 只基于设备的日历时间　　　－1分

E. 不确定，主要基于上一次任务的完成日期　　　－0分

7. 检查内容包含安全信息、操作详细说明、材料需求和人工估计的百分比

A. 超过90%　　　－4分

B. 75%～90%　　　－3分

C. 60%～75%　　　－2分

D. 40%～60%　　　－1分

E. 小于40%　　　－0分

8. 故障维修工单从预防性检查产生的百分比

A. 超过90%　　　－4分

B. 75%～90%　　　－3分

C. 60%～75%　　　－2分

D. 40%～60%　　　－1分

E. 小于40%　　　－0分

9. 为了了解准确度，每年检查预防性维修工单的材料和人工计划值和实际值的百分比

A. 超过90%　　　－4分

B. 75%～90%　　　－3分

C. 60%～75%　　　－2分

D. 40%～60%　　　－1分

E. 小于40%　　　－0分

10. 谁负责执行预防性维修任务

A. 专职的预防维修人员　　　－4分

B. 每班的指定人员　　　－3分

C. 当班的任何人　　　－2分

D. 学徒工　　　－1分

E. 生产操作人员　　　－0分

1.6　维修库存和采购

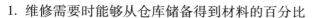

1. 维修需要时能够从仓库储备得到材料的百分比

A. 超过95%　　　－4分

B. 80%～95%　　　－3分

C. 70% ~ 80%　　 − 2 分

D. 50% ~ 70%　　 − 1 分

E. 小于 50%　　 − 0 分

2. 库存储备的材料/备件品种量占维修需求总清单的百分比

A. 超过 90%　　 − 4 分

B. 75% ~ 90%　　 − 3 分

C. 60% ~ 75%　　 − 2 分

D. 40% ~ 60%　　 − 1 分

E. 小于 40%　　 − 0 分

3. 谁决定仓库储备的维修材料和备件

A. 维修　　 − 4 分

B. 任何其他人　　 − 0 分

4. 维修库存物资代码的构成

A. 字母和数字　　 − 4 分

B. 仅字母　　 − 2 分

C. 仅数字　　 − 2 分

D. 物资代码不完整或不存在　　 − 0 分

5. 仓库的物资被设置了通道号、货架号和位置代码的百分比

A. 超过 95%　　 − 4 分

B. 90% ~ 95%　　 − 3 分

C. 80% ~ 90%　　 − 2 分

D. 70% ~ 80%　　 − 1 分

E. 小于 70%　　 − 0 分

6. 库存的维修用物资被领用时要求提供工单号的百分比

A. 超过 95%　　 − 4 分

B. 90% ~ 95%　　 − 3 分

C. 80% ~ 90%　　 − 2 分

D. 70% ~ 80%　　 − 1 分

E. 小于 70%　　 − 0 分

7. 库存的维修用物资设置了最高库存和最低库存的百分比

A. 超过 95%　　 − 4 分

B. 90% ~ 95%　　 − 3 分

C. 80% ~ 90%　　 − 2 分

D. 70% ~ 80%　　 − 1 分

E. 小于 70%　　 − 0 分

8. 维修用的关键性物资需要时有储备的百分比

A. 超过95%　　　−4分

B. 90%~95%　　　−3分

C. 80%~90%　　　−2分

D. 70%~80%　　　−1分

E. 小于70%　　　−0分

9. 维修用物资收货后库存水平每日更新的百分比

A. 超过95%　　　−4分

B. 90%~95%　　　−3分

C. 80%~90%　　　−2分

D. 70%~80%　　　−1分

E. 小于70%　　　−0分

10. 维修用物资每半年至少被检查一次的百分比

A. 超过90%　　　−4分

B. 80%~90%　　　−3分

C. 70%~80%　　　−2分

D. 50%~70%　　　−1分

E. 小于50%　　　−0分

1.7　维修管理信息化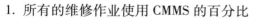

1. 所有的维修作业使用CMMS的百分比

A. 超过90%　　　−4分

B. 75%~90%　　　−3分

C. 60%~75%　　　−2分

D. 40%~60%　　　−1分

E. 小于40%　　　−0分

2. 所有维修作业使用CMMS做计划和排程的百分比

A. 超过90%　　　−4分

B. 75%~90%　　　−3分

C. 60%~75%　　　−2分

D. 40%~60%　　　−1分

E. 小于40%　　　−0分

3. 维修的物资储备和采购功能在系统中执行的百分比

A. 超过90%　　　−4分

B. 75%~90%　　　−3分

C. 60%~75%　　　−2分

D. 40%～60%　　　－1分

E. 小于40%　　　－0分

4. CMMS 和生产调度系统

A. 集成在一起　　　－4分

B. 接口连接　　　－3分

C. 没有连接　　　－0分

5. CMMS 和工资/工时系统

A. 集成在一起　　　－4分

B. 接口连接　　　－3分

C. 没有连接　　　－0分

6. CMMS 和财务/会计系统

A. 集成在一起　　　－4分

B. 接口连接　　　－3分

C. 没有连接　　　－0分

7. 维修人员在其工作中有效使用 CMMS 的百分比

A. 超过90%　　　－4分

B. 75%～90%　　　－3分

C. 60%～75%　　　－2分

D. 40%～60%　　　－1分

E. 小于40%　　　－0分

8. CMMS 的数据结构和维护能够满足报表需求的百分比

A. 超过90%　　　－4分

B. 75%～90%　　　－3分

C. 60%～75%　　　－2分

D. 40%～60%　　　－1分

E. 小于40%　　　－0分

9. 使用 CMMS 数据做日常维修管理的有效决策?

A. 是的　　　－4分

B. 有时　　　－2分

C. 不是　　　－0分

10. 使用 CMMS 数据验证不同时期的资产投资回报率?

A. 是的　　　－4分

B. 不是　　　－0分

1.8　运营/工艺职能的参与

1. 提出维修工单需求的操作人员所占的百分比

A. 超过90%　　　－4分

B. 75%～90%　　　－3分

C. 60%～75%　　　－2分

D. 40%～60%　　　－1分

E. 小于40%　　　－0分

2. 提出维修工单需求的工艺人员所占的百分比

A. 超过90%　　　－4分

B. 75%～90%　　　－3分

C. 60%～75%　　　－2分

D. 40%～60%　　　－1分

E. 小于40%　　　－0分

3. 操作人员建议维修工单优先级的设置

A. 在每周一次作业/维修联席会议上　　　－4分

B. 在每日一次作业/维修联席会议上　　　－2分

C. 由维修决定，操作人员很少参与　　　－1分

D. 随机的，基于需求的紧急程度　　　－0分

4. 工艺人员建议维修工单优先级的设置

A. 在每周一次作业/维修联席会议上　　　－4分

B. 在每日一次作业/维修联席会议上　　　－2分

C. 由维修决定，操作人员很少参与　　　－1分

D. 随机的，基于需求的紧急程度　　　－0分

5. 生产/设备操作工有责任参与设备的日常维护和绩效？

A. 是的　　　－4分

B. 不是　　　－0分

6. 设备操作工受到培训和认证，参与如下任务（每项加1分）

A. 检查

B. 润滑

C. 简单的维修任务

D. 协助维修修理

7. 设备操作工跟进工单，并在其结束时签名

A. 90%的情况下　　　－4分

B. 75%～90%的情况下　　　－3分

C. 60%～75%的情况下　　　－2分

D. 40%～60%的情况下　　　－1分

E. 少于40%的情况下　　　－0分

8. 工艺人员跟进工单，并在其结束时签名

A. 90％的情况下　　　－4 分

B. 75％～90％的情况下　　　－3 分

C. 60％～75％的情况下　　　－2 分

D. 40％～60％的情况下　　　－1 分

E. 少于40％的情况下　　　－0 分

9. 维修参与生产/工艺的调度会议

A. 所有的情况下　　　－4 分

B. 大多数情况下　　　－3 分

C. 偶尔　　　－2 分

D. 很少　　　－1 分

E. 从不　　　－0 分

10. 对于关键设备，维修人员、操作人员、工艺人员和工程人员共同参与沟通和商议？

A. 所有的情况下　　　－4 分

B. 大多数情况下　　　－3 分

C. 偶尔　　　－2 分

D. 很少　　　－1 分

E. 从不　　　－0 分

1.9　维修报告

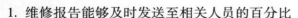

1. 维修报告能够及时发送至相关人员的百分比

A. 超过90％　　　－4 分

B. 75％～90％　　　－3 分

C. 60％～75％　　　－2 分

D. 40％～60％　　　－1 分

E. 小于40％　　　－0 分

2. 维修工作结束后的一天内，相关工作报告发送/可用的百分比

A. 超过90％　　　－4 分

B. 75％～90％　　　－3 分

C. 60％～75％　　　－2 分

D. 40％～60％　　　－1 分

E. 小于40％　　　－0 分

3. 以下设备相关的报告，每有一项加 1 分

A. 设备停机小时（每周或每月），降序排列

B. 设备停机生产损失美元（每周或每月），降序排列

C. 设备维修成本（每周或每月），降序排列

D. 设备的 MTTR 和 MTBF

4. 以下预防性维修相关的报告，每有一项加 1 分

A. 逾期的预防性工单，按先后排序排列

B. 设备的预防性维修成本，降序排列

C. 设备的预防性停机时间和总维修时间的百分比

D. 设备的预防性成本和总维修成本的百分比

5. 以下人员相关的报告，每有一项加 1 分

A. 员工工作时间除以工单的人工时间

B. 维修工花费在每个部门/地区的时间

C. 维修工花费在紧急/预防/一般性工作上的时间

D. 总加班时间与正常工作小时的百分比

6. 以下维修计划相关的报告，每有一项加 1 分

A. 总工单计划成本对比总工单实际成本，按照每一个工单、每一个维修主管或维修工查看

B. 下一周计划的人工工时对比可用的人工工时

C. 计划效率报告：工单计划的人工时和材料对比工单实际的人工时和材料消耗

D. 计划效益报告：实际人工时或材料消耗超出计划人工时或材料 ±20% 的工单数量，按照计划员和维修主管查看

7. 以下维修工单排程相关的报告，每有一项加 1 分

A. 调度安排的时间对比实际工作时间

B. 过去 20 周内，平均每周维修人员或维修工的数量

C. 安排的维修工单总数量对比实际完成的工单总数量

D. 预防性维修工单的数量对比紧急维修和正常维修工单的数量

8. 以下库存相关的报告，每有一项加 1 分

A. 按字母顺序和数字列表的库存目录

B. 库存价值报告

C. 库存绩效报告显示缺货、库存水平和库存周转率指标

D. 使用库存报告的仓库

9. 以下采购相关的报告，每有一项加 1 分

A. 供应商表现：承诺和实际交货日期

B. 价格表现：报价和实际价格

C. 买方或采购代理的业绩报告

D. 在指定时间内直接购买（没有经过库存）的物资

10. 以下行政相关的报告，每有一项加 1 分

A. 年初至今每月维修实际成本对比维修预算成本

B. 劳动力和材料成本占总维修成本的百分比

C. 外部承包商的总成本，按照承包商/项目分类

D. 每个生产单元（或单位面积设施）的维修成本

1.10 预测性维修

1. 预测性维修方案包括振动分析

A. 针对关键和非关键性资产　　−4 分

B. 只针对关键性资产　　−2 分

C. 无　　−0 分

2. 预测性维修方案包括热成像分析

A. 针对关键和非关键性资产　　−4 分

B. 只针对关键性资产　　−2 分

C. 无　　−0 分

3. 预测性维修方案包括油样分析

A. 针对关键和非关键性资产　　−4 分

B. 只针对关键性资产　　−2 分

C. 无　　−0 分

4. 预测性维修方案包括声波/超声波技术

A. 针对关键和非关键性资产　　−4 分

B. 只针对关键性资产　　−2 分

C. 无　　−0 分

5. 基于状态的监测包含在预测性维修方案？

A. 是的　　−4 分

B. 没有　　−0 分

6. 预测性维修系统和 CMMS 是

A. 集成的　　−4 分

B. 接口的　　−3 分

C. 没有连接　　−0 分

7. 预测性维修数据用于生成预防性/纠正性维修工单？

A. 是的　　−4 分

B. 没有　　−0 分

8. 人员和职责包含在预测性维修程序？

A. 是的　　−4 分

B. 没有　　−0 分

9. 预测性工作包含在每周的工作排程？

A. 是的　　　−4 分

B. 没有　　　−0 分

10. 预测性维修的数据用于改善资产的绩效和寿命？

A. 是的　　　−4 分

B. 没有　　　−0 分

1.11　可靠性工程

1. 本组织具有可靠性工程态度/心态

A. 是的，它已经作为工作文化的一部分存在　　　−4 分

B. 是的，它存在并且正在变成工作文化的一部分　　　−3 分

C. 没有　　　−0 分

2. 拥有完整和准确的资产数据用于以可靠性为中心的维修（RCM）分析资产的比例

A. 超过 90% 的资产　　　−4 分

B. 75%～90% 的资产　　　−3 分

C. 60%～75% 的资产　　　−2 分

D. 40%～60% 的资产　　　−1 分

E. 不到 40% 的资产　　　−0 分

3. 是否将 RCM 方法用于调整/改善预防性和预测性维修？

A. 是的　　　−4 分

B. 否　　　−0 分

4. 每隔多久对所有的资产做 RCM 分析？

A. 每年　　　−4 分

B. 每 6 个月　　　−3 分

C. 每 2 年　　　−2 分

D. 每 3 年　　　−1 分

E. 不再做了　　　−0 分

5. 工单历史能够用于追踪资产故障原因的百分比

A. 资产历史的 90%　　　−4 分

B. 资产历史的 75%～90%　　　−3 分

C. 资产历史的 60%～75%　　　−2 分

D. 资产历史的 40%～60%　　　−1 分

E. 不到资产历史的 40%　　　−0 分

6. 故障能够被明确识别的百分比

A. 资产故障的 90%　　　−4 分

B. 资产故障的 75%～90%　　　−3 分

C. 资产故障的 60%～75%　　　−2 分

D. 资产故障的 40%～60%　　　−1 分

E. 不到故障历史的 40%　　　−0 分

7. 是否使用 5 个为什么、鱼骨图、帕累托等分析工具，确保故障分析的准确性和效果的一致性？

A. 是的　　　−4 分

B. 没有　　　−0 分

8. 是否指派专门人员保障 RCM 工作计划？

A. 是的　　　−4 分

B. 不是　　　−0 分

9. 管理层是否把 RCM 视为一项增值活动？

A. 是的　　　−4 分

B. 不是　　　−0 分

10. 有测量可靠性工程有效性的方法吗？

A. 有　　　−4 分

B. 没有　　　−0 分

1.12　维修的一般惯例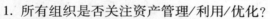

1. 所有组织是否关注资产管理/利用/优化？

A. 是　　　−4 分

B. 否　　　−0 分

2. 维修功能是否被其他职能视为一项增值业务（每项加 1 分）

A. 管理

B. 生产

C. 维修

D. 库存和采购

3. 哪些职能使用维修管理信息系统（CMMS/EAM）？（每项加 1 分）

A. 管理

B. 生产

C. 维修

D. 库存和采购

4. 操作人员做设备的一线维护：

A. 在所有区域　　　−4 分

B. 在部分区域　　－3 分

C. 在几个区域　　－2 分

D. 没有　　－0 分

5. 将设备综合效率（OEE）用于关键资产、过程和设施的百分比：

A. ＞90％　　－4 分

B. ＞60％　　－3 分

C. ＞30％　　－2 分

D. ＜30％　　－0 分

6. 经营决策的制订考虑设备可靠性/可用度的百分比：

A. ＞90％　　－4 分

B. ＞60％　　－3 分

C. ＞30％　　－2 分

D. ＜30％　　－0 分

7. 正确的"软技能"（如沟通、领导力等）培训课程传授给适当人员的百分比：

A. ＞90％的人员　　　－4 分

B. ＞60％的人员　　　－3 分

C. ＞30％的人员　　　－2 分

D. ＜30％的人员　　　－0 分

8. 正确的"技术"培训课程传授给适当人员（维修工和操作工）的百分比：

A. ＞90％的人员　　　－4 分

B. ＞60％的人员　　　－3 分

C. ＞30％的人员　　　－2 分

D. ＜30％的人员　　　－0 分

9. 维修计划是否符合法规要求和规划？

A. 是　　－4 分

B. 否　　－0 分

10. 设备可用性和可靠性对于财务的影响是否被理解并传递给每个人？

A. 是　　－4 分

B. 否　　－0 分

1.13　财务优化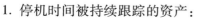

1. 停机时间被持续跟踪的资产：

A. 所有资产　　－4 分

B. 仅关键资产　　－2 分

C. 没有跟踪　　　-0分

2. 停机损失成本被明确识别的关键性资产、工艺和设施的区域：

A. 所有区域　　　-4分

B. 仅关键区域　　　-2分

C. 没有跟踪　　　-0分

3. 停机的根本原因被准确和一致性地追踪：

A. 所有资产　　　-4分

B. 仅关键性资产　　　-2分

C. 没有跟踪　　　-0分

4. 维修成本得到明确和精确跟踪：

A. 对于所有资产　　　-4分

B. 仅关键性资产　　　-2分

C. 没有跟踪　　　-0分

5. 其他相关成本（能源、质量、承包商等）可以用于分析吗？

A. 所有的成本　　　-4分

B. 部分成本　　　-2分

C. 没有　　　-0分

6. 在做决定时，全生命周期费用是否用于方案对比？

A. 所有成本因素　　　-4分

B. 部分成本因素　　　-2分

C. 没有方案对比　　　-0分

7. 可以提供准确的效率损失成本

A. 90%的资产　　　-4分

B. 60%~90%的资产　　　-3分

C. 40%~60%的资产　　　-2分

D. 30%~40%的资产　　　-1分

E. 不到30%的资产　　　-0分

8. 是否指派了专人或团队分析维修相关的财务成本？

A. 是的　　　-4分

B. 否　　　-0分

9. 是否准确跟踪了库存和购买成本？

A. 是的　　　-4分

B. 否　　　-0分

10. 能够获得维修相关财务信息的时间？

A. 随时　　　-4分

B. 每日　　　-3分

C. 每周　　−2 分

D. 每月　　−1 分

E. 没有　　−0 分

1.14　资产管理的继续改进

1. 管理层对资产管理持续改进的支持是否可见？

A. 大力支持　　−4 分

B. 一般性支持　　−3 分

C. 很少支持　　−2 分

D. 没有支持　　−0 分

2. 维修组织对持续改进的支持？

A. 大力支持　　−4 分

B. 一般性支持　　−3 分

C. 很少支持　　−2 分

D. 没有支持　　−0 分

3. 如果公司近期裁员，对维修组织的影响是？

A. 积极的影响　　−4 分

B. 没有影响　　−2 分

C. 负面的影响　　−0 分

4. 公司以往对资产管理持续改进的支持？

A. 非常好　　−4 分

B. 好　　−2 分

C. 差　　−0 分

5. 工厂管理者和工人之间的合作精神

A. 非常好　　−4 分

B. 好　　−2 分

C. 差　　−0 分

6. 以下人员是否关注资产管理持续改进？

A. 维修管理人员　　−1 分

B. 维修人员　　−1 分

C. 库存/采购人员　　−1 分

D. 所有其他人员　　−1 分

E. 没有人　　−0 分

7. 管理层是否支持正在进行的提升员工技能的培训？

A. 是　　−4 分

B. 否　　　－0分

8. 持续改进是否关注投资回报率（ROI）？

A. 是　　　－4分

B. 否　　　－0分

9. 持续改进工作是否关联到可靠性工程？

A. 是　　　－4分

B. 否　　　－0分

10. 竞争影响持续改进的时间比例？

A. 90%以上的时间　　　－4分

B. 60%～90%的时间　　　－3分

C. 40%～60%的时间　　　－2分

D. 30%～40%的时间　　　－1分

E. 少于30%的时间　　　－0分

1.15　维修外包合同

1. 合同请求过程包括哪些元素？（每项加1分）

A. 合同申请的正式流程

B. 基于财务数据的正式批准流程

C. 控制什么是合同内容及什么不是合同内容的机制

D. 合同请求过程是自动触发的

2. 维修外委合同的工作责任：

A. 仅由专门从事合同的专家处理　　　－4分

B. 仅由合同部门的人员处理　　　－3分

C. 由各种兼管合同的人员处理　　　－2分

D. 由任何需要合同的人处理　　　－0分

3. 批准的承包商清单包括（每项加1分）

A. 所有需要服务的主要承包商

B. 备选承包商

C. 验证过的要求，如保险、人工价格等

D. 所有联系人的电话号码

4. 承包商提供的合同现场监督

A. 承包商的专门人员从事合同现场实施的管理　　　－4分

B. 承包商的兼职人员从事合同现场实施的管理　　　－2分

C. 承包商没有专门的组织和人员从事合同现场实施的管理　　　－0分

5. 承包商的安全

A. 业主和承包商的共同职责　　　－4分

B. 业主关注，但承包商负责　　－3分

C. 和合同执行同等重要　　－1分

D. 没有合同执行那么重要　　－0分

6. 用计算机系统处理如下合同前端功能

A. 合同申请　　－1分

B. 合同管理　　－1分

C. 合同批准流程　　－1分

D. 合同现场管理　　－1分

E. 没有电子合同管理系统　　－0分

7. 用计算机系统处理如下合同后端功能

A. 雇员与合同相关联（费率、技能、认证等）　　－1分

B. 电子化出勤记录、无纸系统　　－1分

C. 和合同相关联的电子门卡　　－1分

D. 发票付款流程　　－1分

E. 没有电子合同系统　　－0分

8. 合同系统是

A. 与 CMMS 相集成的　　－4分

B. 通过接口和 CMMS 相关联　　－3分

C. 独立（孤岛）系统　　－2分

D. 没有系统　　－0分

9. 业主现场人员和承包商现场人员的关系是

A. 注重效率和效益的工作伙伴　　－4分

B. 管理与被管理　　－3分

C. 业主现场团队的外来人员　　－2分

D. 不喜欢，但没办法　　－0分

10. 发票/成本追踪过程是

A. 非常成熟，负责人每天有实时的相关费用　　－4分

B. 成熟，负责人每周有实时的相关费用　　－3分

C. 只有开发票时才有相关费用　　－2分

D. 控制成本的人不容易知道相关费用　　－0分

1.16　文档管理

1. 现场文档管理系统是

A. 和其他系统集成的　　－4分

B. 与其他系统通过接口连接　　－3分

C. 独立的   −2 分

D. 非电子化的   −0 分

2. 系统包含图样数量的完整性

A. 80%～100%   −4 分

B. 50%～80%   −3 分

C. 30%～50%   −1 分

D. 小于 30%   −0 分

3. 现场文档录入到文档管理系统的时间

A. 1～3 年   −4 分

B. 3～5 年   −3 分

C. 5 年以上   −1 分

D. 没有时间要求   −0 分

4. 文档控制及相关管理

A. 有相关系统   −4 分

B. 正在开发   −2 分

C. 不存在   −0 分

5. 现场人员

A. 接受过培训，充分理解和使用文档管理规范   −4 分

B. 正在接受文档管理规范的培训   −3 分

C. 不遵循规范或规范不存在   −0 分

D. 如果提供文档管理规范的再培训，加 1 分   −1 分

6. 文档管理系统是否具有详细的索引和搜索能力

A. 文档查找很简便和容易   −4 分

B. 文档查找麻烦和困难   −2 分

C. 索引和搜索功能不存在   −0 分

7. 文档管理系统的可访问性

A. 用户可以访问，并容易获得所需要的信息   −4 分

B. 用户可以访问，但很难找到所需要的信息   −3 分

C. 用户必须通过专门人员得到信息   −1 分

D. 大多数用户无法访问信息   −0 分

8. 文档版本控制的质量和程度

A. 非常好   −4 分

B. 好   −3 分

C. 一般   −2 分

D. 不好   −1 分

E. 很差   −0 分

9. 系统中包含文档的完整性

A. 80%~100%　　　−4 分

B. 50%~80%　　　−3 分

C. 30%~50%　　　−1 分

D. 小于 30%　　　−0 分

10. 谁使用文档管理系统?

A. 全部的维护维修人员　　−4 分

B. 只是维修经理和维修主管　　−2 分

C. 只是汇报给维修的人员　　−0 分

1.17　结果

完成上述调查后,一个组织应该了解了自己在维修/资产管理的有效性。然而,调查的总分是 640 分,什么是良好,什么是差呢? 在过去 15 年里,有 1200 多家公司参与了这项调查,代表性(平均值)的结果在下面列出。调查结果对识别维修过程可以改善的方面是很有用的。

虽然这些是平均数值,但把结果用像 Microsoft 的 Excel 这样的产品绘制在蜘蛛图中是非常有趣的。图 1-1 所示为调查的代表性结果。

使用此调查、修改版本或任何其他类似的调查是开始一项维修对标项目重要的先决条件。这个分析工具或类似的工具对于内部分析是必要的。它使得组织能确定其改善的起点。我们将在第 2 章解释怎么样在维修对标项目中使用这些信息。

第 1 部分	维修组织	24.5
第 2 部分	维修培训计划	22.5
第 3 部分	维修工单	26.3
第 4 部分	维修计划和排程	22.5
第 5 部分	预防性维修	24.1
第 6 部分	维修库存和采购	28.4
第 7 部分	维修管理信息化	22.0
第 8 部分	运营/工艺职能的参与	22.2
第 9 部分	维修报告	13.4
第 10 部分	预测性维修	20.0
第 11 部分	可靠性工程	15.7
第 12 部分	维修的一般惯例	29.5
第 13 部分	财务优化	23.9
第 14 部分	资产管理的继续改进	26.9

第 15 部分   维修外包合同   21.3
第 16 部分   文档管理   23.1
总分   366.3

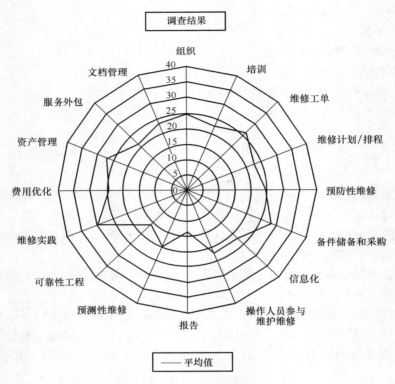

图 1-1   评估结果蜘蛛图示例

对标的基础知识

对标、基准、最佳实践，所有这些术语都被用于今天的业务。它们除了是流行语，还有真正的意义吗？它们是可以用于改进经营操作的有用工具吗？让我们从一些定义开始。

2.1 定义

1. 对标

对标有几个不同的定义。例如，施乐（Xerox）公司定义对标如下："搜索行业最佳实践，以便实现卓越绩效。"

此定义中的关键元素是术语"最佳实践"和"卓越绩效"。什么是最佳实践？就是一系列的流程，使公司能够成为其行业的领导者。然而，最佳实践并不是所有公司都是一样的。如果一家公司处于一个不断衰退的市场，那么压力是在销量固定的条件下实现利润最大化，一套最佳实践可能让它成为市场的领导者。然而，如果另一家公司处于利润增长模式是快速扩大市场份额，另一套最佳实践能够让它领导市场。因此，"最佳"取决于业务环境，而不是由一组固定的商业惯例所决定的。

有必要对"最佳实践"这个术语加以说明。为了避免"最佳实践"（Best Practice）只是成为许多组织中的流行语，这个词已经被改为"更好的实践"（Better Practice）。因为不存在被普遍接受的最佳实践，更好的实践可以应用于组织持续改进的经营理念（但本书还是选用了"最佳实践"这个术语）。

施乐公司对标定义的第二个关键词是"卓越绩效"。许多公司定义的对标是和他们的竞争对手一样好。然而，如果对标的目的只是实现对手的现状，那么对我们的帮助并不大。对标是一个持续改进的工具，致力于成为市场上绩效卓越的公司应该采用它。只有这样，对标才被正确地用作真正持续改进的工具。

罗伯特.坎普（Robert Camp）在他的《对标手册》（The Benchmarking Handbook）一书中提出了对标的另一个定义："对照世界上最好的公司所进行的测定和改进业务实践的过程。"

这个定义的关键点在于改进而不是维持现状。另外一点是"世界上最好的公司"。大多数公司都有国际竞争对手。认为最佳实践仅限于一个国家或一个地理位置的想法是幼稚的。从逻辑上来说，公司要提升其市场上的竞争优势，就必须收集最好公司的相关信息，不管它们的地理位置在哪里。

致力于改进的公司应该不受传统的约束，尤其是"行规"的思维模式。没有全球视野的公司将很快被具有全球视野和思考模式的竞争对手所取代。为了实现快速的持续改进，公司必须能够跳出圈子思考，也就是从外面的视角审视他们的业务。想法越具有创新性，其实现可能所带来的潜在回报也就越大。

关于对标的第三个观点是："对标是用'最佳实践'促进持续改进。"

这个叙述为对标添加了另一个维度，即一个外部观点。研究表明，任何商业部门的主要创新都来自外部市场的需求，然后公司采取了改进现有做法的实践。因为"最佳实践"可以在任何工业行业找到，公司需要跳出它们所在的工业行业，到外面去寻找。在今天竞争的商业环境中，建立这种外部视角是生存的关键。

最后的观点认为，对标是一个不断和世界商业领导者对比和衡量，以便帮助组织获得信息、采取行动、提高绩效的过程。研究其他公司，以便获得信息使组织更具竞争力的思路在所有四个描述中都是清楚的。如果一个公司不能清楚地了解成为最好组织的流程和规范，那么对标能够带给他们的价值是很小的。

2. 竞争分析

在对标和竞争分析之间存在着相当大的混乱。对标参照的是行业外的信息，而竞争分析是与他们的竞争对手相比较。竞争分析得出与直接竞争对手相比的排名，但并不能告诉如何改善业务流程。这是对标和竞争分析之间的主要区别。

相比竞争分析，对标提供深入了解创造卓越的过程和技能。不达到深层次的理解，对标就不能带来太多的益处。应该关注的问题是"你对标的目的是什么？"如果目标只是为了满足一些行业标准，那么投资对标所取得的收益是很有限的。

竞争分析不可能产生明显的突破性机会，进而改变任何特定市场长期根深蒂固的运作模式。这是因为相似的市场上，相似业务的运作模式也是相类似的。虽然竞争性分析可以导致逐步改进，但突破性的战略总是源于外部的透视。通过发现和理解外部的最佳实践，业务流程突飞猛进的改善是可能实现的。

在过去几十年里，竞争分析帮助公司提高在各自市场的地位。对标则起始于竞争分析结束的地方。对标将允许公司从业务平平变到领先的位置。从最好的公司学到的经验可以帮助任何公司。

对标和竞争分析的主要区别之一是文档标准。竞争分析专注于满足某些已发布的行业标准。因此，所有可能需要的是一些公布的数字。相比之下，对标的关注点不在数字，而在于允许这样的标准不仅能被实现，而且能够被超越的流程。要实现和保持任何可持续的改进，就必须清楚地了解过程的驱动力和成功的关键要素。如前言中所述，ISO 55000 标准把以下驱动力和成功关键要素作为其基本元素：适当的资源；合格的人力；实现业务目标的组织意识；良好的组织沟通；信息的收集、分析和使用；良好的文档。

正确识别这些驱动力及其影响需要广泛的数据收集，既要源于内部又要来自于外部的对标伙伴。

2.2 驱动力

驱动力是一组广泛的活动或条件，它们有助于最佳业务实践的实现。尽管对标总是要对比那些固化的流程，但对标的另一个基本部分是分析管理技能和态度，这两者的组合让一个公司能够实现最佳业务实践。对标过程中，这个隐性的内容和那些显性的统计数据一样的重要。

因此，驱动力是建立或持续最佳实践幕后隐藏的因素。一些例子包括领导力、积极工作的人员、管理的愿景以及组织的聚焦。这些因素对公司量化的财务绩效有直接的影响，但却很少通过具体的统计数据被提及。这些方法或做法带来公司的卓越绩效。但是，必须意识到这些方法或做法是相对的，不是绝对的。换句话说，他们并不是完美无缺的，也是可以改进的。这突出了在前面所说的，驱动力可以更好，而很少被称作是最好的。

任何地方都可以找到驱动力或成功关键因素。他们没有任何的工业、政治或地理区域的限制。那么，如何通过驱动力来比较一个公司和另一个公司？从内部分析开始。公司要成功，他们就必定对其内部流程有透彻的了解和理解。没有这种理解，他们就不可能认识到自己和对标对象之间的差异。实际上，也不可能认识到和最佳实践公司的差距。

2.3 定义核心竞争力

作为一个持续改进的工具，对标只是用于改进核心业务流程。什么是核心业务流程？所有的定义都集中在使公司区别于自己竞争对手的流程上。一个核心业务流程可能会影响降低成本，增加利润，改善客户服务，提高产品质量，或者改善对于法律法规的遵守。

一些权威给企业的核心竞争力下了定义。理查德·舍恩伯格（Richard Schoenberg）在他1997年所著的《运营管理》（Operations Management）一书中，定义核心竞争力是"使一个组织被正面辨别的关键业务或流程"。他还特别提到专家维护、低运营成本和受过培训的多工种操作工。

另一位作者是格雷戈里·海因斯（Gregory Hines），在他的《对标工作手册》（The Benchmarking Workbook）一书中，将核心竞争力定义为"代表着核心功能的关键业务流程：通常的特点是交易中，它能直接或间接地影响客户对于该公司的感知"。他进一步列举了几个过程，包括：采购和使用贵重的设备；管理和维护设备设施。

可以看出，设备和设施的维护维修是海因斯定义的核心业务流程的一部分。美国生产力和质量中心（The American Productivity and Quality Center）在其《对标管理指南》（The Benchmarking Management Guide）一书中，定义核心竞争力是能够影响以下业务指标的业务流程：净资产回报率；客户满意度；员工的收入；质量；资产利用率；产量。

任何工厂或设施的维修职能都符合此定义以及前两个定义。

还有其他来源指出，核心竞争力是能够产生战略性市场优势的业务运营的任何方面。在评估任何公司的维护维修流程时，在前面叙述了它在多方面对公司战略市场优势的影响。这些包括改善质量、增加产量、降低成本和消除浪费。

最后来聚焦 PAS 55 和 ISO 55000 标准。因为维护维修是资产全周期的关键阶段（见图 P-2），任何从事资产管理的组织都必须承认维护维修是核心业务流程的一部分。

2.4　维修和固定资产回报率

一家公司对其资产的投资效果往往是用公司产生的利润衡量的。此度量称为固定资产回报率（Return On Fixed Assets，ROFA）。注意，许多公司使用类似的参数，如 ROA、净资产回报率（Return On Net Assets，RONA）等。这类指标用于战略规划，如当公司要选择生产产品的设施或工厂时。

资产管理的重点是实现用最低的全生命周期成本生产产品或提供服务。目标是有一个比你的竞争对手更高的固定资产回报率，从而成为低成本产品的生产商或服务商。处于这个位置的公司能够吸引客户并确保更大的市场份额。此外，更高的固定资产回报率会更加吸引投资者，确保稳健的财务基础，以扩大业务。

公司内的所有部门或职能单位都要度量和控制他们的成本，因为这些成本最终会影响固定资产回报率的计算。只有当公司内部的所有部门或职能单位一起努力才能实现固定资产回报率的最大化。

回顾一下图 P-1，可以重新配置它，把视线关注在固定资产回报率，这就是图 2-1。

在图 2-1 的右侧列出了可以影响固定资产回报率计算的相关措施，维护维修当然也在其中。因为维修功能是这里的重点，其他职能的详细探讨就超出了本章的范围。

维修管理以何种方式影响固定资产回报率的计算呢？可以使用两个指标来显示其影响。

1. 维修成本占总过程、生产或制造成本的百分比

该指标是制造成本的一项准确度量。它应该用作总体的计算，而不是每个生产

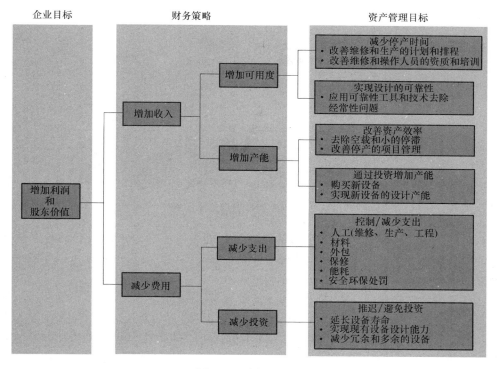

图 2-1　财务的视线

单元的计算。维修将占生产成本的某个百分比，但通常是固定的。这种稳定性使这个指标作为维修的财务测量更准确，因为它使维修成本趋势性的跟踪更容易。如果维修成本百分比发生很大的波动，那就应该审查维修的效率和效益，以便找出变化的原因。

2. 每平方英尺的维修成本

该指标将维修成本除以需要维护维修设施的占地面积。这是设施的一项准确度量，因为成本通常也是稳定的。这个指标很容易用于跟踪随时间增加的趋势。如果维修成本百分比波动很大，那么应该审查维修的效率和效益，以便找出变化的原因。

这两个指标表明，传统的维修人工和材料成本将对固定资产回报率产生影响。但是，确保设备或资产可用并且有效地运行也会对固定资产回报率产生影响。

2.5　费用和产能

维修/资产管理策略的影响如图 2-2 所示。因为维修功能不仅影响费用而且也影响产量，所以它对固定资产回报率的贡献是很大的。图 2-3 将通过详解的金字塔来进一步阐明图 2-2。

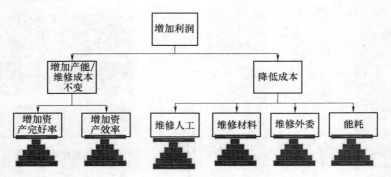

图 2-2　维修/资产管理策略的影响

　　总的来说，任何公司的目标都是提高盈利能力。不管公司是政府的还是股东的，或者私人业主的，这个目标都是一样的。维修或资产管理的功能可以在两个主要方面增加利润，即降低费用和增加产量。

　　在考虑降低费用时，据估计大约 1/3 维修支出由于低效率和低效益的使用维修资源而浪费了！维修费用可以分为两个主要部分，即劳动力和材料。如果一家公司维修人工的预算为每年 300 万美元，1/3 浪费掉了，那么这 100 万美元是可以节省的。这种节省不一定非要裁员，可以是减少加班费，减少外部承包商的使用，或通过有效的排程提高内部员工的利用率，进而减少对外部人员的使用。

　　如果维修人工预算是每年 300 万美元，研究表明，材料的预算将是类似的金额。假如 300 万美元的材料预算也可以减少 1/3，维修效率和效益与材料相结合每年就可以节省 200 万美元。这笔费用实际上是不需要的，不使用的费用就转化为利润。应该意识到，当改进一个事后故障维修的维修组织时，这些节省不是立即的。因为把这样的组织改变成主动性维修的工作模式需要一些时间，执行力强的组织可能需要 3~5 年。这并不是说这种转变本身在技术上是困难的，而是说的确需要时间来改变企业的文化，从以负面态度对待维修功能到把它视为一项核心业务流程。

　　和维修所增加的产能以及设备效率的提升所带来的收益相比，纯粹的维修对盈利的贡献是微不足道的。例如，一些公司的设备停机时间可能平均为 10%~20%，甚至更多。一旦应该运行的设备停机，就限制了可交付产品的数量。一些公司不得不采购备机或冗余设备，以补偿设备停机。这种做法对其固定资产回报率指标有负面影响，而且也降低在金融界的投资评级。

　　即使是销量有限的市场，停机也增加成本并阻碍公司实现预期的财务结果，无论是增加利润率还是成为低成本产品的供应商。有一些组织拒绝计算停机成本，有一些组织甚至说停机没有成本。但是，他们没有考虑以下成本：现实中停机的真实成本是没能按时生产产品所损失的销售额，尽管这个数量是明显高于前面提到的基本成本，但这才是真正的停机成本。在大多数公司，财务部门最终会给出一个各方面折衷的数值。但是，公司需要对这个成本有一个明确的了解，以便他们在涉及资产及其运作方式时能做出更好的决定。

例如，如果公司以前讨论维修工作时，审查了去年所产生的计划外停机。他们可能会发现数量很大，但其中只有一部分可以通过改进维修来避免。其他一些造成设备停机的原因可能源于原材料、生产调度、质量控制和操作人员失误等。然而，如果只和维修相关的停机价值为 3800 万美元（停工损失成本），假如改善维修能够减少 50% 的停机，那么就能节省 1900 万美元。即便把前面提到的可以节省的 200 万美元用于维修，以实现这一目标，减少停机损失成本的总节省仍将为 1700 万美元。还可以将这种推论应用到其他与维修费用节省相关的问题，如：公用功能（水、电、气、内部运输等）的成本；空闲的生产设施/运营人员的成本；延迟交货的成本；为了弥补失去生产的加班加点的成本。

除了纯粹停机的成本外，还有效率损失的代价。例如，一家公司检查了其海上作业气体压缩机的效率后发现，压缩机的运行效率为 61%（可能是由于老化和内部磨损），这一项损失大约每年为 540 万美元，而大修费用约为 45 万美元，包括劳动力、材料和停机的生产损失。最后他们决定分批检修压缩机，以避免完全停产。压缩机大修的费用在重新起动后 28.1 天内（由于产量的提升）收回。此外，在随后 12 年里每年增加的产量都价值 540 万美元！

日本的许多研究（涉及全员生产维护，Total Productive Maintenance 或 TPM）表明，效率的损失总是大于纯停机的损失。然而，这个事实变得更加令人担忧，因为大部分效率损失都没有被测量和报告。这导致许多经常出现的问题没有得到解决，直到最后故障发生。一些对设备效率影响很多的经常性问题从未被发现。当只有维护维修记录被准确记录、妥善保管和回顾时，这些问题才被发现。然后，将这些数据和财务数据相结合并加以分析，才找到了影响效率的根本原因。

如果一个组织关注它的资产管理，那么维修功能就可能贡献于工厂整体的盈利能力。尽管成功需要一个组织内部所有部门和职能的合作和专注，但维修部门的确可以对固定资产回报率产生巨大的积极影响。

因为维修通常被视为支出，那么任何维修费用的节省都可以被看作是直接贡献的利润。通过实现资产的最大可用度和效率，工厂或设施经理确保公司不再需要额外投资与资产就能保证所计划的生产或提供的服务。总资产的减少有助于改善任何公司整体的固定资产回报率。此外，如果资产管理的真正目标是资产收益的最大化，那么一个完全功能化的维修组织需要通过 PAS 55 或 ISO 55000 标准的认证。

本节中的论述清楚地表明了维修管理是企业的一项核心业务流程。因此，这个过程可以从对标实践中受益。接下来的问题是应该采用什么类型的对标来获得最大的收益。

2.6 对标的类型

有几种不同类型的对标，可以用于一个对标项目：内部对标；类似行业/竞争性对标；最佳实践对标。

1. 内部对标

内部对标通常考虑的是一个单位内部不同的部门或流程。这类对标的优点在于相关数据容易收集。数据也容易比较，因为许多隐藏因素（驱动力）不必仔细检查，如部门文化类似，组织结构大致相同，人员的技能、劳动关系和管理态度类似等，这会使数据对比迅速而简单。

这类对标的缺点是它不太可能产生任何重大突破的改善。不过，内部对标能够产生小的、渐进的改善，并为任何改善措施的落实提供足够的投资回报。内部对标的成功很可能引发对更广泛的外部对标的渴望。

2. 类似行业/竞争性对标

类似行业或竞争性对标涉及外部类似行业或流程中的伙伴。在许多对标项目中，甚至还包含了竞争对手。这在一些行业可能是困难的，但许多公司愿意共享信息，只要不涉及知识产权或专利。

类似行业或竞争性对标项目往往侧重于组织措施。很多情况下，这类对标侧重于满足某项"指标"，而不是改进任何具体的业务流程。我们注意到，竞争性对标所产生的一些小的、渐进的改善，但是竞争性业务的模式却是类似的。这表明依靠类似行业或竞争性对标的改善过程将是缓慢的。

3. 最佳实践对标

最佳实践对标的重点在于找到所要对标的流程没有争议的领导者。这种搜索要跨越行业界限和地理位置的限制。这种做法能够针对一个特定行业，提供建立"突破性战略"的机会。一个组织研究其行业外的业务流程，适应或采用卓越的业务流程，对比起竞争对手可以实现绩效上的飞跃。尽早成为适应者或接受者，将为组织提供降低成本或积极抢占市场份额的机会。

想要成功实现最佳实践对标的关键之一是定义一个最佳实践。那么最佳是指什么呢？最高效？最具成本效益？以大多数客户服务为导向？还是最赚钱？

在做一个最佳实践对标项目时，组织必须清楚地定义，什么是要对标的组织的最佳实践。对这个没有清楚的理解，对标项目的实施将花费更多的资源，而且从对标中获得的改进也将是平庸的。

设在政府政策办公室内的最佳实践特设委员会对最佳实践给出了如下定义："最佳实践是在其他地方已经非常有效的好的做法。它们已经被证实，并产生了成功的结果。必须关注已被证实的最佳实践的来源。"

这个定义表明："应该经常审查'最佳实践'的做法，以确定它们是否仍然是有效的，是否应该被继续使用。"也就是说，最佳实践是随着时间演变的。过去的一项最佳实践现在可能只是一项好的实践，而在未来的某个时候它可能是一个糟糕的做法。持续改善要求逐步前行，而不是维持现有的业务流程。

在寻找拥有最佳实践的公司时应该明白，拥有所有最佳实践的"唯一的"公司是不存在的。很简单，这是因为所有公司都有其优势和弱势，没有完美无瑕的公司。由于试图（通过对标）改善的流程不同，被认定是最佳的公司也就不同。"最佳"对标需要系统性以及缜密的计划和数据收集。

比较三种类型的对标，最佳实践对标是优胜者。它提供了实现显著改善的机会，因为对标的公司是特定流程中最好的。最佳实践对标提供了对标项目实现最大投资回报的最好机会。最重要的是，最佳实践对标提供了实现突破性战略的最大潜力，进而提升公司的竞争地位。

2.7 对标的流程

对标过程是如何进行的？以下是一个对标项目成功的步骤：

1）先做一个内部分析。

2）确定需要改进的领域。

3）寻找对标伙伴。

4）联系沟通，制订问卷和现场采访。

5）编辑结果。

6）制订和实施改善措施。

7）再来一遍……

当做内部分析时，重要的是使用结构化的格式。分析可以是调查，如本书第1章所叙述的调查。分析的目的是识别组织的弱点和需要改进的领域。使用本书所介绍的分析，组织应该能够找到与平均值偏差最大的区域，并从那里开始对标项目。

一旦确定了需要改进的流程/区域，接下来必须找到在这些方面拥有最佳实践的对标伙伴。需要与这些可能的对标伙伴联系和沟通，以确信他们愿意参加对标活动。

接下来应该根据内部分析结果制订一份问卷，并将问卷发送给对标伙伴，进而安排和实施实地考察。然后，汇总和分析所收集到的信息。在此基础上，针对对标的流程提出改善建议和措施。一旦这些改善建议和措施被实施并取得效果，类似的对标就可以重新开始。

每个对标之前，先做内部分析是非常重要的，不要依赖前面已经做过的分析。当一个流程被改进时，它可以会引起其他流程的某种改善。由于这些改善可能不会被注意到，一个不需要改进的流程就可能被下一个对标项目选中。如果是这样，对标项目可能难以产生预期的改进，组织也就不再认同对标的成本效益了。

对标是一个渐进的过程。公司可以从内部伙伴开始，改进带来的变化将容易被观察到。基于这些结果，接下来可以和更好的伙伴对标，不管是内部还是外部公司。有了这一轮的结果以及识别了新的要改善的领域，下一步就是和最好的对标了。

成功的关键是找到一个对标对象，它在需要对标的流程方面做得更好，而且可以衡量。一旦所对标的流程改进得和对标伙伴一样好了，接下来就需要找到一个新的对标对象，它在对标的流程上做得更好。这样的对标过程持续循环下去，一直到发现并最终超越了最佳实践的伙伴。从而使公司的流程被公认是最好的。

除此之外，没有捷径！

2.8 制订维修策略

维护维修功能的重点是确保公司所有资产达到并持续满足资产的设计功能。我们将在本章的余下部分进一步讨论维修组织在公司中的职能。

最佳实践应用到维修流程，可以这样定义："使公司能够实现在维修流程上具有超越对手竞争优势的维护维修实践。"

现今，什么是一个公司维护维修过程的最佳实践？维护维修中的实践或流程可以分为以下 10 个类别：预防性维修；库存和采购；工作流程和控制；CMMS/EAM；操作人员的参与；预测性维修；以可靠性为中心的维修（RCM）；全员生产维护；财务优化；持续改进。

它们之间的关系如图 2-3 所示。

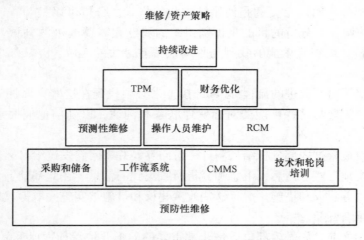

图 2-3 维修管理的金字塔

1. 预防性维修

预防性维修（Preventive Maintenance，PM）对任何改善维修流程的努力都非常关键。预防性维修能够将被动维修减少到这样的程度，使得维护维修流程的其他工作能够起到各自的作用。然而在美国，大多数公司在聚焦预防性维修方面存在问题。调查显示，事实上只有20%的美国公司相信他们的预防性维修是有效的。

大多数公司需要关注维护维修的基础，如果他们要取得任何业内一流的地位，有效的预防性维修能够让公司实现80%的主动性维修和20%（或更少）的反应性维修。一旦达到这一水平，维修过程中的其他工作将变得更加有效。

2. 库存和采购

库存和采购必须关注在：正确的时间提供正确的部件。目标是有足够的备件，又没有太多冗余的备件。对于反应性维修模式，库存成本和采购流程的效率一定很低。但是，如果大多数维护维修工作能够提前几周计划，那么库存和采购流程是可以优化的。

许多公司设定库存水平低于90%，这意味着缺货将超过请求的10%。这个库存水平使得用户（维修人员）囤积各自需要的备品（小仓库），而且绕过标准采购流程和渠道获得他们需要的材料。

为了防止这种情况，有必要设定和控制库存水平达到95%~97%并具有100%的数据精度。当库存和采购绩效达到了这个水平时，就可以开始下一步改进了。

3. 工作流程和控制

工作流程和控制这项工作涉及记录和跟踪维护维修工作。它涉及使用工单系统启动、跟踪和记录所有的维护维修活动。工作可能从批准工单请求开始。一经批准，工作就被计划、排程、执行和最终记录下来。如果没有规程并强制遵守，相关数据将丢失，后续的分析则无法进行。

解决方案是全面使用工单系统记录所有的维护维修活动。活动从请求到完成要全过程记录和跟踪，不然数据是支离破碎的，用途非常有限。如果所有维护维修活动都通过工单系统记录和跟踪，那么有效的计划和排程就可以开始了。

计划和排程需要某人执行以下操作：

1）审查提交的工作申请。

2）批准工作申请。

3）计划工作任务。

4）安排工作任务的时间。

5）记录完成的工作任务。

除非这些步骤遵守着一个规范化的流程，不提高工作效率和减少设备停机都是难以实现的。至少所有维护维修工作的80%应该是每周计划的。此外，至少每周90%的排程应该得到遵守。

4. CMMS/EAM

在大多数公司，维修的职能将使用和产生大量的数据，因而需要数据的计算机化。这有利于数据的收集、处理和分析。因此，CMMS 或 EAM 的使用已经流行于世界的大部分国家。CMMS/EAM 能够管理前面讨论过的功能，并为本书后面要讨论的最佳实践提供支持。

CMMS/EAM 已经在一些国家使用了几十年，效果不尽相同。根据 1990 年以来在美国的调查，大多数公司使用了不到 50% 的 CMMS/EAM 所提供的功能。对公司有效使用 CMMS/EAM 的一项要求是完整地使用系统的功能，收集的数据完全准确！

5. 操作人员的参与

操作或生产部门必须明确他们对所用设备的所有权，以便他们自愿支持维修部门的工作。操作人员的参与程度因公司而异，包括以下活动：

1）设备起动前的检查。

2）填写维护维修工作请求。

3）完成维护维修工单。

4）记录设备故障或不正常的数据。

5）做一些基本的设备保养，如润滑。

6）对设备做常规调整、校准。

7）在专业维修人员的支持下，做一些维护维修任务。

操作人员参与维护维修的程度可能取决于设备的复杂程度、他们的技能水平甚至工会组织的协议。目的应该是腾出一些专业维修人力资源的时间，以便后者能集中于更先进的维修技术。

6. 预测性维修

因为操作人员的参与，专业维修人力得到释放以后这些资源应该重新关注于适合其资产的预测性技术，如振动分析适合用于旋转设备、热成像适合于电气设备等。

重点是调查和购买能够解决或减轻设备长期存在的问题的技术，而不是购买所有可用的技术。预测性维修应该使用和预防性维修相同的流程进行计划和排程。所有数据应该记录在 CMMS 中或与 CMMS 有接口的系统中。

7. 以可靠性为中心的维修（RCM）

现在，以可靠性为中心的维修（Reliability Centered Maintenance，RCM）技术应用于预防性和预测性维修方案的优化。如果一个特定的资产对环境敏感、安全相关或对操作极为关键，那就需要选择和采用合适的预防性/预测性技术。

如果一个资产限制或影响公司生产或运营的能力，那就要在成本允许的前提下，采用另一个级别的预防性/预测性计划。如果资产故障对生产或运营影响不大，而且替换或大修非常昂贵，也要考虑选择另一级别的预防性/预测性活动。总有一些资产发生故障以后再修可能更经济，这种情况也在 RCM 考虑的范围。

RCM 分析工具要求数据是准确的。所以，RCM 方法和流程是在组织已经拥有了充足和准确的资产数据以后应用的。

8. 全员生产维护

全员生产维护（Total Productive Maintenance，TPM）是一种经营理念，公司的每个人都理解他们的工作表现会以某种方式影响设备的能力，如操作人员都了解设备的设计载荷超出正常范围就可能造成不必要的停机。

TPM 就像全面质量管理（Total Quality Management，TQM），其唯一的区别是公司专注于他们的资产，而不是他们的产品。TPM 可以采用所有适用于实施、坚持和改善全面质量管理的工具和技术。

9. 财务优化

财务优化这种统计方法结合了所有和资产相关的数据，如停机成本、维护维修成本、效率损失成本和质量成本。然后，用这些数据优化财务的决策，如何时让设备离线维修、是修复还是更换设备、需要准备多少关键备件以及常用备件的最大和最小库存等。

财务优化需要准确的数据，因为不正确地做出这类决策可能对公司竞争地位造成破坏性的影响。当一家公司达到可以使用这种技术的成熟度时，那么它可能接近了同行最佳的状态。

10. 持续改进

持续改进的最好概括是"最好是更好的敌人"。资产呵护的持续改善是一项不间断的评估活动，这包括不断寻找可以使公司更具竞争力的"小事情"。

对标是持续改进的关键工具之一。在几种类型的对标中，最成功的是最佳实践对标，它检查维护维修的具体内容（很可能是正在讨论的 10 个方面），和已经很好地运用这些流程的公司进行对比，这对维护维修实践的改善非常重要。如果了解了对标是一个持续改进的工具，也就不难理解它是一个熟悉维修业务流程的、成熟的组织所采用的一项技术。

11. 关键绩效指标（Key Performance Indicators，KPI）、**对标和最佳实践**

对于最佳实践的绩效指标或度量在大多数公司中被误解和滥用了。绩效指标的正确用法应该是突出公司眼下可以改善的机会。绩效指标应突出"弱点"，然后通过分析，发现导致绩效低的原因，并最终找到解决方案。

绩效指标是一个宝贵的工具，用以突出潜在的、需要对标的流程。例如，假如一组绩效指标表明预防性维修需要改进，但内部人员不知道该如何下手，那么一个对标项目可能给出答案。

但是有必要澄清，对标所使用的基准不是绩效指标，而绩效指标也不是对标的基准。绩效指标是公司内部使用的。对标的基准可以被视为行业或过程的、标准的、外部的目标。然而，数字本身是没有含义的，除非理解对标的基准数据是如何得到的。所以，重要的是理解对标背后的驱动力和成功因素。

另外，必须清楚地理解，基准和对标过程两者之间的差异。基准是一个数字。对标是了解一家公司流程和实践的过程。流程和实践可以调整或修改，然后被一家公司接受，以便在所关注的流程或实践中实现卓越。

12. 持续改进是竞争力的关键

因为对标是一个持续改进的工具，所以只有当公司想要改进时才应该使用。公司不能持有"我们一直这样做"的态度。他们必须愿意改变，以应对竞争压力增加的挑战。

对标是一个持续改进工具，可以促进改变。通过观察和了解具有最佳实践的公司并了解他们的流程，认识到公司现在的做法和最佳实践之间的差距，从而促使对现状的不满和改变的愿望。从最佳实践公司看到、了解到和学到的，将帮助本公司识别要改变什么，以及如何改变才能实现投资于改变的最大回报。见证最佳实践能够提供实际的、可实现的、所期望的未来画面。然而，实现这样的成功需要人力和财力方面的资源。有必要与对标伙伴一起探讨能够实现卓越绩效的有形和无形的因素。而且有必要让和对标业务流程最相关的人参与，因为他们必须对要改变的流程拥有所有权。

2.9　实施一个对标项目

在考虑如何实施一个对标项目时，有必要检查对标的目的。对标应该满足以下条件：

1）提供对标流程的一个基准，以便实现"苹果和苹果"的对比。

2）当与基准对比时，能清楚地描述组织的绩效差距。

3）明确对标项目能够产生的最佳实践和驱动力。

4）设置对标流程绩效改进的目标，确定实现目标所必须采取的行动。

这里至关重要的是量化组织目前的绩效、流程的最佳实践以及绩效差距。一则管理格言说："如果不测量它，你就不能管理它。"

这是对标的真实性。如果要开发一项明确的改进策略，就必须有可量化的度量。对于一个对标项目，其细节可以体现在"SMART"要求中。首字母缩写SMART表示：

1）具体（Specific）——确保项目的重点。

2）可度量（Measurable）——可量化的度量。

3）可实现（Achievable）——确保它是在一个业务目标之内并可以实现。

4）现实（Realistic）——再次侧重于业务目标。

5）时间框架（Time framed）——对标项目应该有开始日期和结束日期。

一项有助于对标项目实现SMART目标的关键要素是差距分析（Gap Analysis）。一个差距分析可以分为以下三个主要阶段：

1) 基线——基础或公司当前所处的状态。

2) 权利——公司有效利用其现有资源所能做到的最佳状态。

3) 基准——一个拥有最佳实践的流程的绩效。

为了有效地利用差距分析,对标项目必须能够产生可量化的结果。所有的度量必须能够清楚和简洁地表达,以便可以量化要改进的程序。差距分析的第一步是用可量化的术语,将公司的流程和所观察到的最佳实践的结果相比较。最好能将结果绘制成类似图2-4所示的图。

图2-4的纵轴是绩效,横轴是时间。注意到所观察到的最佳实践和组织现状之间的差距。图2-4突显了绘制差距分析图的前提是可以量化的指标。

差距分析的第二步是设置到达的时间(T_1),即所谓的同比目标。这个目标就是目前的最佳实践公司的绩效水平。这个图还描绘了最佳实践公司将在此期间继续提升并处于更高的绩效水平。这种关系如图2-5所示。

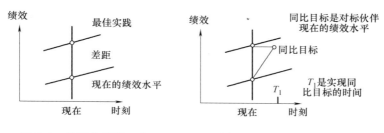

图 2-4 差距分析第一步   图 2-5 差距分析第二步

下一步是设置实时同比目标。在该步骤末,公司将在对标流程上实现和最佳实践公司相同的绩效。这一时刻在图2-6中表示为T_2。最后的目标是领导地位,发生在公司的对标流程的绩效被公认为已超过对标对象。这时,注意图2-6中的时刻T_3,公司的对标流程将被公认为最佳实践公司。

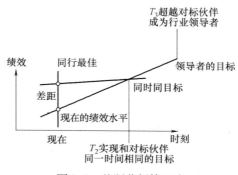

图 2-6 差距分析第三步

如果一个公司要有效地利用差距分析,所有的参数必须是可量化的,并且是有时间框架的。否则,差距分析是没有意义的。

2.10 对标过程

应该使用什么流程来确保对标过程是可量化的？可以使用以下清单。遵循它可以保证对标过程的成功。不采用一套专业的方法，对标过程是难以产生长期的收效。对标任务清单如下：计划；搜索；观察；分析；适应；改善。

接下来将对每项任务做详细的解释。

1. 计划

1）维护维修的使命或目的和目标是什么？

说明：这些信息是为了确保每个参与对标项目的人都了解维护维修业务的功能。

2）维护维修的流程是什么？

说明：维护维修涉及的工作流程和业务流程等。

3）维护维修流程是如何衡量的？

说明：当前的 KPI 或绩效指标是什么？

4）现在的维护维修如何被看待？

说明：当前维护维修服务的满意度水平？

5）谁是维护维修的客户？

说明：是经营者还是股东/业主？这个问题的答案可以证明组织对维护维修作用的理解和改进所需要的时间。

6）对维护维修所期望的服务是什么？

说明：维护维修应该做什么？哪些应该外包？哪些是该做而没做的？

7）维护维修功能准备提供什么服务？

说明：他们能力更强吗？维护维修的人员配备、技能水平等是否合适？

8）维护维修职能的绩效指标是什么？

说明：维护维修职能如何知道他们是否能实现了他们的目标？

9）这些指标是如何建立的？

说明：是经过商讨还是被上级指定的？

10）和竞争对手相比，维护维修功能怎么样？

说明：内部感知为不好，一样，还是比对手好？

2. 搜索

1）哪些公司在维护维修方面比我们公司做得更好？

说明：利用杂志、期刊的文章和互联网网站。

2）哪些公司被认为是最好的？

说明：可以参考"北美维护维修卓越奖"（North American Maintenance Excellence，NAME，网址为 http://www.nameaward.com）。

3）如果对标，可以从这家公司学到什么？

说明：了解他们的最佳实践以及如何有助于你的公司。

4）我们应该联系谁来确定他们是否能够成为一个对标伙伴？

说明：在文章或互联网网站上寻找联系人。

3. 观察

1）对标伙伴的维护维修的使命或目的和目标什么？

说明：与自己公司的相比较如何？

2）他们的绩效指标是什么？

说明：与自己公司的相比较如何？

3）他们维修策略的执行情况（随着时间和/或在多个地点）如何？

说明：他们目前的绩效是异常还是持续的？

4）他们如何测量其维护维修的绩效？

说明：他们的绩效与你们公司不同吗？

5）什么使得他们取得了维护维修的最佳实践和绩效？

说明：工厂管理者、企业文化等？

6）什么因素可能阻碍你们公司采用他们的维护维修政策和做法进入到你们公司的维护维修组织？

说明：你们公司的文化、工作制度和维护维修规范等？

4. 分析

1）绩效差距的实质是什么？

说明：把他们的最佳实践与你们的实践相比较。

2）绩效差距的大小是什么？

说明：对标绩效的差距有多大？

3）他们卓越绩效的特征是什么？

说明：详细说明所发现的驱动力。

4）需要改变什么才能实现和他们一样的绩效？

说明：这是改善的计划。

5. 适应

1）我们所获得他们的维护维修的知识如何帮助改进我们的维护维修？

说明：你需要做什么来改善？

2）基于观察到的最佳实践，应该调整、重新定义还是完全改变绩效措施？

说明：有什么区别，怎么才能从变化中受益？

3）他们最佳实践的哪些部分必须改变或修改，以适应维护维修职能？

说明：需要有选择地采纳，而不是盲目地复制。

6. 改善

1）学到了什么，能让公司实现维护维修的卓越？

说明：可以改变什么来最终实现卓越？

2）如何在维修过程实现这些变化？

说明：制订实施计划。

3）公司实施这些变化需要多长时间？

说明：实施计划的时间表。

要从对标中获得最大收益，一个公司最好在对标的核心竞争力方面达到了一定的成熟度之后再开始对标的尝试。显然，一家公司必须拥有一些关于自己流程的数据，然后才能与另一个公司做有意义的比较。例如，在设备维护维修管理中，共同的指标如下：

1）人工成本的百分比：反应性维修人工成本与计划性维修人工成本的百分比。

2）备件库存的服务水平：需要备件时库存有储备的百分比。

3）维修工单按计划完成的百分比。

4）年度维修费用和（工厂/设施）设备重置价值的百分比。

5）维修费用和销售额的百分比。

如果没有准确和及时的数据以及对这些数据做整理和统计，也就难以理解需要些什么才能改进维护维修。其实，这个要求对于任何过程的对标都是一样的。

当与被认为在某些方面是做得最好的公司合作时，有一个自己内部最佳实践的例子能与他们分享也很重要。对标需要真正的伙伴关系，这当然要互利互惠。如果你只是在对标期间拜访对方、考察和询问，那么对合作伙伴来说有什么好处吗？

确保从对标获得收益的最后一步，是使用获得的知识来做出改进的能力。所获得的知识应该足够详细，以便能对设想的任何改变做成本/效益分析。

对标是一项投资。投资包括时间和金钱来完成前面描述的 10 个步骤。实施改进所增加的收入能够补偿投资。例如，在设备维护维修中，收入的增加可能通过增加产量（减少停机时间、更高的产能）或降低费用（工作效率的提高）。

将收入和对改进的投资相比较来计算回报率 ROI。为了确保成功，每个对标项目都应该计算 ROI。

对标活动的行为准则如下：

1）保持合法性。

2）愿意提供你想要得到的任何信息。

3）保守秘密。

4）保持信息在内部使用。

5）使用对标项目联系人。

6）未经许可，不得查阅。

7）从一开始就准备好。

8）了解你的期望。

9）根据你的期望行事。

10）诚实。

11）履行承诺。

尽管这些行为准则的建议似乎是常识，令人惊讶的是确实有些公司没有遵守它们。这导致小到个人之间的意见分歧，大到法律纠纷。认识到另一个公司是你的合作伙伴，并如此对待他们，是建立成功的对标伙伴关系的关键。

2.11 对标的陷阱

正确使用对标可以对持续改进做出重大的贡献。但是，如果使用不当，它也可以完全损害公司的竞争地位。下面介绍一些不当使用的对标。

1. 使用对标的基准作为绩效目标

当公司衡量其核心竞争力时，他们很容易陷入这样的思维陷阱——对标的基准就应该是一个绩效指标。例如，他们把所有的努力都集中在降低成本上，以达到一定的财务指标，从而失去对真实目标的专注。

如果能够理解合作伙伴为实现一定的绩效而使用的工具和技术，公司的收获会更大些。因为这能使公司不仅能够实现一定的财务目标，而且也有助于制订实现更高级目标的愿景。

因为只专注于达到一定的数值，一些公司消极地改变了他们的组织（裁员或削减开支），他们也删除了基础设施（人或信息系统），然而他们很快就会发现所期待的基准是无法维持或提升的。在这种情况下，对标成为诅咒的对象。

2. 不成熟的对标

当公司尝试在组织准备好之前进行对标时，它可能没有数据去和对标合作伙伴进行比较。所以，有人猜测那时对标对公司没有好处。数据收集的过程能够让组织了解其核心竞争力及其目前的状况。过早进行对标可能导致第一个陷阱，即只想达到一个数字（指标）。进入这个陷阱的公司将成为了"工业游客"。他们拜访对标伙伴的工厂，看到了有趣的事情，但不知道如何应用到自己的企业。最终的结果是对标项目报告摆在书架上，但对改进业务流程却没有什么贡献。

3. 模仿性对标

模仿性对标发生在公司拜访对标合作伙伴时，不是学习他们是如何改变业务的，而是集中于如何复制或模仿合作伙伴当前的做法。这对公司是有害的，因为自己的业务驱动因素可能和对标伙伴不一样。此外，可能有大的约束条件阻碍实施合作伙伴的流程。这样的约束可能包括不相同的生产模式（7 天×24h/天对比 5 天×12h/天）、员工技能水平的不同、工会组织协议的差异、不同的组织结构以及不同的市场条件。

4. 不道德的对标

有时，一家公司同意与竞争对手做对标测试，然后试图通过现场采访或使用问卷发现一些专有信息。显然，这种行为会导致公司之间的问题，实际上破坏了以后对标的机会。

第二种类型不道德的对标涉及公开使用对标伙伴的名称或数据而事先没有得到许可。这也会严重影响现在和未来的对标。更糟糕的是这样的经历可能会使管理层阻止未来和其他合作伙伴的对标。

5. 其他陷阱

不是每个公司都做好了对标的准备。但是，以这样或那样的理由来阻止对标也是一个陷阱，比如以前对标遭遇过糟糕的经历，或是持有"我们已经是最好的"，或者"我们跟别人不一样"的态度。负责人有这类思维的公司将不会有改善的机会。

用重新发明轮子的方式实现改进将是非常昂贵的，所以人们采用了对标的方式。一旦公司对对标有了正确的认识，建立并遵守了专业的指南，就应该能产生所希望的改善。不过，如果公司不是为了合适的原因而对标，那么对标的努力将成为诅咒。

2.12　程序审查

如果公司对其现行政策和做法进行了分析，就能够发现对标的需求。对标的收益要遵循一个由以下 10 个步骤组成的严谨的过程：

1）对一个或多个过程进行内部审核。培训对标项目的关键人员是至关重要的。他们必须充分了解和支持对标。

2）强调潜在的、需要改进的领域。这需要了解对标的费用以及它可能产生的经济效益，而且应该以一个投资回报案例的方式进行介绍。

3）寻找 3~4 家在需要改进的领域业绩卓越的公司。

4）联系这些公司并获得合作的许可。

5）准备一个访问前的调查问卷，突出需要改进的方面。这一步需要认真准备一份对标项目计划，以及计划实施的要求。

6）现场拜访 3~4 个对标伙伴。每次访问后应该编写一份采访报告，并提交给对标项目的执行负责人。

7）用所收集到的数据和公司目前的业绩相互比较，做差距分析（见图 2-4）。

8）制订实施改进的计划。包括需要的变化、涉及的人员以及时间的安排。

9）监督、督促改进计划的实施。这意味着对标项目团队的一个或多个成员将监督改进计划的实施，以确保改进的实现。

10）再次启动对标流程。对标帮助公司找到改进的机会，给予他们在相关市场的竞争优势。然而，对标的真正收益要等到对标项目的结果得以实施、改进，得以实现之后才会彰显。

2.13 小结

1）有必要探索和研究带来卓越绩效的有形和无形的因素以及和这些因素直接相关的人。

2）对标的基准不是一成不变的，也不会被保持很久，因为最终目标是持续改进的。

在考察了对标流程之后，有必要清楚地了解对标的过程。第3~11章将介绍维修管理功能所有的方面。这些章节将进一步强调第1章介绍的分析所基于的方法。第12章将介绍一些维护维修当前的行业基准。了解了对标流程和维护维修流程，任何公司都应该能够成功地开展对标项目。

维 修 组 织

维修组织的目的和目标决定着所建立的维修组织的类型。如果目的和目标是渐进的，并且维修组织被认为是企业的基本功能，则经常看到的将是一些比较传统的组织结构。

3.1 维修组织的目的和目标

图 3-1 所示为维修组织典型的目的和目标。

维修管理的目标
• 在符合安全要求的前提下，以最低的成本和最好的质量实现生产的最大化，实现资产收益的最大化
• 识别并落实降低成本措施
• 提供准确的设备维护维修记录
• 收集必要的维修费用信息
• 优化维修资源
• 优化固定资产寿命
• 支持节能环保
• 降低库存

图 3-1 维修组织典型的目的和目标

1. 最大化生产

在最佳安全标准之内，以最低的成本、最好的质量实现最大化的生产。这句话太宽泛，维护维修必须有一个主动的愿景，以帮助其集中精力。这个愿景应该和公司的目标相关。尤其是正在努力得到资产管理认证（如 ISO 55000）的公司。如果是这样，公司应该关注资产价值的最大化。不管哪种情况，维修管理的目标都可以细化。

（1）维护维修现有的设备和设施　维护维修现有的设备和设施是维护维修组织存在的主要原因。失去功能的设备或设施不能带给组织收益。这个功能是维护维修宪章的"保持运行"职能。

（2）设备和设施的检查和服务　设备和设施的检查和服务通常被称为预防和预测性维修。它通过减少意外故障或服务中断的次数来增加设备和设施的可用度。

（3）设备安装或改造　一般来说，维修组织不做设备的安装和改造，而是交给外部承包商。但是，维修组织必须要保证设备运行，所以他们应该参与任何设备的安装或改造。

2. 识别和实施降低成本

降低成本有时是维护维修的一个被忽视的方面。然而，维修组织可以在许多方面帮助公司减少成本。例如，一项维修政策的改变可能延长生产运行的时间而不损坏设备。这种改变降低了维修成本，同时又增加了生产能力。通过检查维护维修规范，通常可以通过调整和改进工具、培训、操作规程以及工作规划，减少执行特定任务可能需要的人工或材料。任何维修时间的减少都会转化为停机时间的减少或可用度的增加。停机损失要比维修成本高得多，所以在进行调整以便降低成本之前，应该研究一下调整前后可能的结果。这种量化的改进有助于管理层对维修活动的支持。

3. 提供准确的设备维护维修工作记录

准确的设备维护维修工作记录使得公司能以平均无故障时间 MTBF 和平均修理时间 MTTR 等工程术语准确跟踪设备。不过，这项努力的成功需要准确记录每一次修复、修复的时间，以及设备无故障运行的时间。这类活动在大型组织内将产生大量的数据和文档工作，所以通常要使用某种形式的 CMMS/EAM 来记录这一类信息。但是，无论是否使用信息系统，所有的维护维修数据必须被精确记录和保存。

这个目标似乎不可能实现。维护维修记录通常作为工单收集，然后汇总成报告，显示有意义的信息或趋势。问题是找到足够的时间把有价值的数据记录在每一个工单上。因为在反应性维修的模式下有太多的维修工作要做，很难有时间在工作之后记录事件。例如，记录一部驱动电机的断路器在一周内重置的次数看起来没那么重要。但是，如果过载是由于电机驱动端轴承磨损造成的，那就可以在电机发生灾难性故障之前发现并维修。所以，如果维护维修要完全履行其职责，就必须准确记录并保存工作记录。

4. 收集必要的维护维修工作的成本信息

收集必要的维护维修成本信息使得公司能够跟踪工程信息。例如，通过使用生命周期成本信息，公司可以购买生命周期成本最低的，而不是最初采购成本最低的资产。为了准确跟踪全生命周期成本，所有的人工、材料、外包和其他相关成本必须在设备层面准确跟踪。这是维修部门的一项工作。但是，如果一个组织打算通过 ISO 55000 认证，这些数据应该与资产收益最大化相关的所有部门所共享。

除了计算生命周期成本外，维修预算也需要历史成本。如果没有收集准确的成本历史，管理者如何预算下一年度的费用将会或应该是多少？如果他不知道今年的维修工时是如何使用的，那么维修经理不能简单地对上级领导说："我们明年想要减少维修人工10%。"另外，如果人工成本只有费用的金额，工资的差异使得难以确定使用了多少工时，所以数据必须包括消耗的工时和费用的金额。

这些数据从哪里收集？收集成本信息再次关联到工单控制。知道一个工单执行期间每个人工消耗的时间乘以相应的工时费率，就能够准确地计算此工单的总人工成本。将一定时间段的所有工单的这些费用加在一起就是相应的总维修成本；全部工时相加就是全部人工消耗；类似地，全部消耗的备件和材料的费用相加就是全部的材料成本。外包和其他成本也必须在工单层面一起收集。

每个工单上的数据是最底层的、最基础的。这些基础数据可以从设备层面汇总到生产线、区域、车间，最后到工厂。工单信息还应该包括设备类别、人工专业和技能水平以及成本中心等数据。通过归类和分析收集的工单数据，可以制作详细的维护维修报告，这将在第9章中详细讨论。

5. 优化维修资源

优化维修资源包括通过有效的计划和排程来消除浪费。在反应型维修组织中，高达1/3的维修支出经常被浪费掉了。通过优化维修资源，组织可以提高工作效率，消除一部分浪费。例如，如果组织的维修预算是每年100万美元，而维修模式是反应型的（事后维修），那么很可能每年浪费30万美元。当维修活动的80%~90%是每周计划和排程的，维修过程的浪费将非常少。反应型维修组织的目标是达到这种水平。

优化维修资源对维修的人力也有影响。例如，通过良好的计划和排程，反应型维修组织可以把维修工的现场操作时间从25%提升到60%。这可以有效地减少组织内部人员的加班时间或目前外委人员的数量和时间，从而降低整体维修成本。优化维修资源既降低了成本，同时又改善了服务，对优化现有资源是至关重要的。优化维修资源只能通过良好的计划和排程来实现，我们将在第6章对这个内容做详细的论述。

6. 优化资本设备的寿命

优化资本设备的寿命意味着精心维护维修设备使其寿命比维护不良的设备延长30%~40%。维修部门的目标是妥善地维护维修设备，以达到其最长的寿命。通过这种方式能够实现资产价值的最大化。预防性维修的关键就是使设备获得最长的寿命。维修部门需要确定和执行合理的维护维修水平，既不能维修不足，又不能维修过度。

解决这个问题的一种方式是检查新设备的采购。是否要替换一台在役设备？如果是，之前对现役设备的维护维修做得更好些能否推迟其更新？如果答复是肯定的，那么此前维修的级别是不足的，相应的维护维修任务应该被修订。如何实现这一目标将在第7章介绍。

7. 最小化的能源使用

最小化的能源使用是设备维护维修良好的自然结果，其能耗比维护维修不善的设备少 6%～11%。这个数字是由国际研究得出的，它表明维修组织能够从不断监测工厂的能源消耗及分析中受益。大多数工厂和设施都有耗能大户的设备需要妥善地维护维修。例如，热交换器和冷却器如果不经常清理就会消耗更多的能源。维护维修不善的通风和空调（HVAC）系统将需要更多能量为工厂或设施提供需要的风量。

即便是小事也可能对能源消耗产生巨大的影响。例如，转动设备润滑或调节不良的轴承、对中不良的联轴器或齿轮，所有这些都影响设备的绩效并且消耗更多的能量。避免这些情况发生的关键在于良好的预防性和预测性维修。我们将在第 7 章中讨论相应的细节。

8. 最小化机旁库

尽量减少机旁库有助于维修组织消除浪费。大约需要 50% 的维修预算是备件和材料的消耗。在一个反应型维修组织中，高达 20% 的备件成本可能被浪费了。如果组织的工作更具计划性和控制性，这种浪费能够被消除。典型的库存和采购功能的浪费包括如下：

1）超储：库存太多的备件。

2）备件缺货时紧急订购。

3）物资超出保质期。

4）太多单品采购的订单。

5）零部件不知去向。

维修组织关注和控制备件及其成本是很重要的。

虽然到目前为止所讨论的内容并没有形成一个综合的、包罗万象的清单，但是确实突显了主动性维护维修对于一个公司的影响。维修绝不仅仅是"坏了修好"的功能。除非维修组织致力于一系列积极的目的和目标，不然它将永远谈不上优化。

3.2　管理和维修

过去 30 年里，实际管理越来越关注短期盈利，而以牺牲他们的实物资产为代价。但是，最佳实践公司却反其道而行之，制订战略规划，建设强大而完善的组织。这些公司关注的最重要的领域之一是维护维修/资产管理功能。要在世界市场上具有竞争力，维护维修很重要。但是，是否大多数公司已经跟随那些最佳实践公司的做法了呢？回答很遗憾，没有！在工厂里曾见过这样的情形，维修人员今天还维护维修复杂的电子系统，而第二天他们却在盥洗室做清洁服务了。

在这种环境下，维修人员很难建立他们对公司价值的积极态度。如果维修功能要成为和公司生存密不可分的一个因素，那么管理层必须改变他们对于维修的认识。只有这样，公司才有可能实现世界级的竞争力。要拥有一个有助于提高公司盈利能力的、强大的维修组织，就需要对维修组织和其服务的类型做出决策。

1. 设备服务水平

设备服务水平定量地表示了设备对于所要求的服务的可用时间。需要从设备得到的服务以及由此产生的成本，决定了公司应该采用的维修模式。五种常见的维修模式如图 3-2 所示。

（1）反应性维修　在太多的情况下，设备保持运行直到发生故障。没有预防性维修，技术人员仅仅对发生故障的设备做出反应并修复。这是最昂贵的维修模式。相应的设备通常低于可接受的服务水平，产品质量也经常受到影响。

图 3-2　五种常见的维修模式

（2）修复性维修　修复性维修活动起源于定期检查、日常操作和日常服务的发现。这些发现和请求构成的维修任务被计划和安排。这种维修模式和反应性维修相比，最具成本效益，可以降低 50% ~ 75% 的维修成本。当大多数的维修活动属于这一类，设备服务水平是可以得到保证的。

（3）预防性维修　预防性维修包括定期检修、日常检查和调整。许多潜在的故障可以在发生之前得到纠正。我们将在第 7 章中详细说明如何安排和实施这类活动。采用了这种维护维修模式，设备服务水平能够为大多数生产和操作所接受。

（4）预测性维修　预测性维修通过对设备状态的监测和分析来预测故障。分析通常针对某些参数的测量值和趋势，如振动、温度和流体。预防性维修和预测性维修的区别在于前者主要凭借感官和简单的工具，而后者使用一些先进的仪器和技术手段。因此，预测性维修能够更早地发现异常，允许在不干扰生产计划的时候修理设备，从而消除停机成本的最大因素。在预测性维修模式下，设备的服务水平会非常高。

预测性维修的扩展是基于状态的维修，就是连续监控设备，仅在需要时做维修。有些工厂已经使用了信息化的生产自动化系统，实时监测设备的状态。一旦偏离正常的范围将自动触发报警（某些情况下还可以触发维修工单请求）。这种实时监控使得维修最具成本效益。基于状态的维修是目前平衡维修成本与设备服务水平的最佳方法。尽管最初的采购和安装成本可能很高，但许多公司正在朝向这种维护维修模式。

（5）免维修　免维修专注于改变设备部件的设计，使得它们需要较少的，甚至不需要维护维修。通过分析先前所收集和积累的数据，通过改变原始设计，减少实现设备设计功能所需要的维护维修。汽车发展的历程是很好的例子。把现在的汽车与 20 世纪 70 年代的汽车相比，可以明显看出维修量的减少。定期保养是其中一个主要方面。1970 年的新车到 3 ~ 4 万 mile⊖ 就需要定修，而现在的汽车可以开到

, ⊖　1mile = 1.609km。

10 万 mile，性能也没有下降。这些改进被研究，重新设计和实施。今天，工厂和设施的设备有着类似的情况。免维修的建议通常能够得到维修和工程部门的支持。

2. 维护维修人员配置的选项

人员配备是任何维护维修组织的重要任务。通常使用四种方法配备维护维修组织（见图 3-3）。

• 全部内部员工
• 内部员工与外部合同工的组合
• 外部的合同维修人员与内部监管人员的组合
• 全部维修外包

图 3-3　维修人力资源选项

（1）全部内部员工　配备完整的内部员工是大多数美国公司传统的做法。按照这种做法，全部维修相关的技术人员都是公司的内部员工。每个员工的行政职能、工资和福利，都是公司的责任。根据这种方法，公司内部员工负责全部的维护维修。

（2）内部员工与外部合同工的组合　20 世纪 80 年代以后，内部员工与外部合同工的组合成为维修人力配置的更常见的方式。内部员工负责大部分维护维修，而承包商的合同人员负责一些特殊的维护维修任务，如空调维修、设备改造和绝缘。这种做法可以减少企业内部对具有特殊技能的特殊人员的需求。如果工作任务不需要合同人员是全职的，那么这类做法可以进一步节省开支。

（3）外部的合同维修人员与公司内部监管人员的组合　这种做法在日本很常见，在美国也开始受到欢迎。承包商提供具有合适技能的人员，所以公司不必负担培训和人事管理。这种做法的缺点是人员不容易固定，缺乏对设备的熟悉，但是内部监管和合同人员的相互沟通可以帮助补偿。

（4）全部维修外包　全部维修外包涉及的外部维修人员包括所有维修工、计划员和主管。承包商的维修主管通常汇报给工厂工程师或厂长。这种做法消除了对任何内部维修人员的需要。虽然还不那么流行，但如果和基于操作人员的预防性维修相结合（将在稍后的预防性维修里面介绍），这种做法可以被证明是有效的，是传统维修组织的另一种选择。

现实中，上述任何选项都是可以的。然而，在大多数公司里，管理合同人员都有难度。虽然有些公司声称从外包所有维修活动中获得了经济收益，但是好处可能是虚构的。所谓的收益是因为承包商可以管理自己的维修人员，而公司自己不能。公司声称从维修外包得到了大笔的收益，那通常是因为他们自己负责维修时的方式缺乏效率和效益。毕竟要做的是同样的工作，承包商怎么能比内部更便宜？无非通过对维修流程更好地计划和排程减少了浪费，承包商才可能实现更好的成本效益。

那么公司就不能使用内部人员实现相同的成本水平吗？

当人们考虑公司对待承包商典型的态度时，另一个问题出现了。大多数公司没有和他们的承包商合作得很好。相反，他们将承包商视为可以随便换来换去的家伙。如果承包商犯了错误，公司取消合同并雇用一个新的承包商。这种态度使得承包商很难与公司合作。如果今天的公司要使用承包商做维护维修，那么他们必须学会与承包商密切协作并制订合作方案和实施计划。

与承包商建立的合作必须要让承包商感受到重视。今天，许多承包商相信他们对客户公司的技术投入不被重视。很多时候，在做维护维修时，合同人员发现了其他问题。而客户公司经常认为承包商只是在找借口，而忽视了他们的汇报和建议。实际上，承包商是希望让公司避免损失。这个例子说明，与承包商的不良合作是一种昂贵的维修模式。

3. 组织的地理结构

从地理位置的角度，维修组织有三种基本类型：集中型组织、区域型组织和混合型组织。

（1）集中型组织 在一个集中型组织中，所有人员都向一个中心汇报，这个中心指挥所有的工作地点。集中型组织的优点是更广泛地使用人员，这是因为技术人员总是可以被安排到工厂或设施中从事优先级最高的工作，无论具体地点在哪里。如果控制适当，集中型维修组织能够减少工作的非有效时间。

然而，集中型组织的缺点在大型企业中非常明显。主要是由于路程较远造成的响应时间较慢。如果一个区域出现问题，而维修人员正在工厂的其他区域，这就需要时间找到他们，给他们部署任务，他们到现场解决问题，然后再返回到他们原来的作业地点。

（2）区域型组织 第二类组织侧重于区域，维修人员被分配到工厂和设施的不同区域。不过，中心位置始终保留一少部分人员从事数据收集、分析、工作计划和调度等。在各个区域，组织通常反应及时，因为维修人员靠近设备。区域型组织的缺点是找到足够的工作让所有的维修人员忙起来。而相反的情形是过多的设备故障超出一个区域内维修人员的能力。所以，一个区域里有时候事少，人们闲着；而另些时候设备故障很多，人手又忙不过来。区域的概念限制了人员在不同区域间的调配，无论是因为专业技能或只是因为缺人手。

区域型组织最大的优势之一是有助于灌输维修人员的设备所有意识。在区域型组织中，维修人员通常与操作和生产人员有着相同的工作时间表。这让他们之间建立起良好的沟通，也让维修和生产人员了解对方工作的辛苦和难处，并在合作中考虑到这些因素。

因为维修和生产都希望设备正常运行，所以他们倾向于更紧密地协作，以确保生产正常。设备更可能被正确的使用和操作，其服务水平通常要高于集中型组织。

（3）混合型组织 混合型组织是第三种组织形式。在混合型组织中，一些人被分配到各个区域，其余的人留在中心组织。区域人员照看日常维护维修，与生产人员密切协作，并建立起设备所有意识。中心组织人员在设备故障、停机和大中修期间支持区域组织。

那么哪种组织形式最好呢？经验法则是：中心型组织对面积小、地理紧凑的工厂更有效，区域型组织通常在中型工厂中表现良好，而混合型组织最适合大型工厂。

所以，建立任何维修组织时必须慎重考虑工厂的大小和地理结构。如果工厂的地理结构不合理，可能需要配备超出正常的人员来维护维修设备。如果设置了一个集中型维修组织服务于大型工厂，到达设备的路上时间以及由此带来的额外停机时间可能相当长，并且经常引起生产计划的中断。

4. 汇报结构

另一种查看维修组织的方法是考虑其汇报关系。维修组织可以使用多种结构，包括维修为中心的模型、生产为中心的模型和工程为中心的模型。

（1）维修为中心的模型　在维修为中心的模型中，维修部汇报给工厂或设施经理，它与生产部和工程部在相同的层次。这是一个平衡的方式，即这三个部门的工作由工厂厂长来平衡和协调。工厂的所有维修人员都汇报给维修经理。如果维修组织较大，可能设置一些维修主管汇报给维修经理。维修人员（如计划员和维修工程师）也汇报给维修经理。建筑和项目工程师汇报给工程经理，但工程部没有维修的人力资源。此外，所有生产或操作人员都汇报给生产或运营经理，但生产或运营经理不管理维修资源。这种组织结构最适合掌握维修控制和理念。这是一个很好的起始组织结构，还可以进一步提升，例如支持跨职能的团队和基于操作人员的维护维修活动。典型的维修为中心的组织架构如图3-4所示。

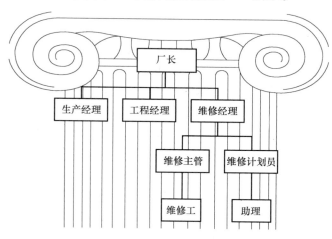

图3-4　典型的维修为中心的组织架构

（2）生产为中心的模型　第二种模型是以生产或运营为中心的组织。在这个模型中，维修资源归属于生产或运营经理。乍一看，这种安排似乎是一个好的选择。但在现实中，它很少行得通，因为没有多少生产或运营经理具备必要的技术技能来管控维修资源。因此，这些结构通常导致较少地使用维修人员，反过来，更多的设备停机。当维修人员汇报给生产或运营经理时，维护维修一般会被降为"救火"或"坏了再修"的角色。典型的生产为中心的组织架构如图3-5所示。

当评估以生产为中心的模型时，另一个考虑因素是管理人员的薪酬结构。在多数情况下，生产或操作主管的奖金基于是否实现所设定的产量或产能指标。因为他们的薪酬取决于产出，所以他们没有什么积极性维护维修好设备。在大多数情况下，生产为中心的模式是牺牲维修去满足生产目标。但是，如果设备完好率或生命周期成本也是奖金考核的一部分，那么维护维修是可以在这种环境下被管理好的。

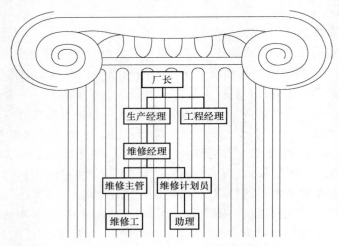

图3-5　典型的生产为中心的组织架构

（3）工程为中心的模型　通常看到的第三种结构是工程为中心的组织。在这种结构中，维修汇报给工程经理。因此，建筑工程、项目工程和维修都有相同的上司——工程经理。在表面上，这种安排似乎是可行的。然而，它通常因为项目而出现问题。通常，评估工程经理的绩效是根据他们按时和按预算完成项目的情况。如果一个项目滞后，维护维修资源经常被转移到项目上，无法从事预防性和其他常规性维护维修任务。尽管分配维修资源给项目有助于项目按时完成，但设备可能缺乏维护维修。典型的工程为中心的组织架构如图3-6所示。

然后，第二个更长期的问题出现了。维修人员的工作态度受到了影响。维护维修人员喜欢在项目上工作，因为所有的设备都是新的。随着时间的推移，他们养成了轻视维护和喜欢项目的态度。这种态度的转变导致他们希望少做维护维修，多做部件更换。维修人员实际上成为零件更换专家而不是维护者或修理者。这种情况可能导致过多的库存和新设备购买。

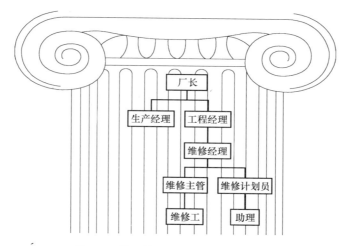

图 3-6　典型的工程为中心的组织架构

无论维修组织的结构如何（结构也的确因组织而异），都必须具有正确的聚焦。维护维修是一个技术学科。维护维修人员是工厂或设施里的技术管理者。如果维修组织没有技术焦点，那么资产和设备就谈不上优化。

因此，如果牺牲维护维修来实现短期生产目标或支持工程建设项目，那么现有资产投资的最大回报是绝不可能实现的。这种情况削弱了公司在其市场上的竞争地位。如果想要重新设计维护维修组织，就必须审查这些短期和长期的问题。

3.3　角色和职责

为了使维修组织有效率，必须定义和分配相应的角色和职责。尽管本书无法考虑所有的可能性，但以下是可以使用的一般原则。虽然一个组织可能不一定使用下面列出的每个职位，但必须包含每个职责。因此，一个组织可能没有一线维修班长或主管来管理一线人员。然而，如果要管理维护维修并最终管理好公司的资产，一线任务描述是必不可少的。

1. 一线维修班长或主管

通常一线维修班长或主管的职责如下：

1）直接管理一线维修人员并提供现场指导。当维护维修人员作业期间遇到问题需要澄清时，一线维修班长或主管应该提供指导。他们还有负责安排每个员工的工作任务并跟踪他们的作业进度。

2）确保操作的安全和效率。一线维修班长或主管负责向他们所管理的所有员工提供必要的信息、工具和操作规程，以确保他们的人身安全和工作效率。

3）与维修计划员审查工作计划和排程。一线维修班长或主管负责向维修计划员提供反馈，以确保工作计划的效率和效益，以及排程的准确性。

4）确保工作质量。虽然大多数维护维修人员的工作质量是很好的，但他们有时也被迫采取捷径。一线维修班长或主管应该确保他们有足够的时间把安排的任务一次性做好。

5）确保设备完好率足以满足利润计划。很明显，这项任务把设备或资产正常运行的责任分配给了一线维修班长或主管。

6）与操作或生产负责人协作确保操作人员的一线维护。当一线生产或操作人员对他们所运行的设备做一线维护时，一线维修班长或主管有责任确保：①工作顺利进行；②操作是安全的；③遵循了要求的标准。

7）验证临时人员的资格并根据需要推荐必要的培训。当安排工作任务和观察维护维修人员执行这些任务时，一线维修班长或主管应该能够观察到培训的需要。发现了这些培训需求后，他们应该提出所需要的培训。

8）执行环保规章制度。作为管理团队的一员，一线维修班长或主管有责任确保所有维护维修人员遵守所有环境保护的法规和要求。这应该包括相应的标准、操作流程和步骤。

9）工作的重点在一线，在维护维修现场。一线维修班长或主管要确保他们在一线现场的时间不少于每班6h，而在文书或会议上的时间不超过每班2h。这被称为6/2规则。一线维修班长或主管用他们的大部分时间做文秘工作是没有成本效益的。

10）卓越的主动性维护对比反应性维修。一线维修班长或主管有责任鼓励所有生产和操作人员参与维修计划和排程的制订。这样做是为了防止生产和操作人员"马上修"（故障处理）的请求，它还有助于确保维护维修工作是有计划的、排程的，并以最具成本效益的方式完成的。

11）管理劳资协议。作为管理层的代表，一线维修班长或主管负责相关劳资协议在一线操作现场的履行。

12）监测CMMS的使用。如果公司使用CMMS，一线维修班长或主管要确保临时人员所收集的所有数据是准确和完整的，并安排录入到系统中。

13）实施预防性和预测性维护维修计划。一线维修班长或主管要确保所管理人员的资格，以便他们有所必需的技能来完成预防性和预测性维护维修任务。此外，一线维修班长或主管以及全体员工有责任不断改善预防性和预测性维护维修。这类责任可以从改进预防性维修的一个操作步骤到采用新的预测性维修技术。

本书的目的不是为每个公司确定维护维修组织的角色和职责。但是，如果要管理好公司的维护维修功能，上面描述的13项任务的每一项都必须得到落实和执行。每个组织必须回答的问题是这些任务的每一项由谁负责？

2. 维修计划员

维修组织的另一个角色是维修计划员。维修计划员不同于维修班长或主管。班长或主管负责管理维护维修的操作人员，而维修计划员是为他们提供后勤支持的。以下是维修计划员典型的职责：

1）计划、排程和协调故障维修和预防性维修活动。为了完成这些任务，维修计划员要研究和管理工作请求，分析工作的要求，确定材料、设备和人员的需求（如对资料、工具、备件和人员技能的要求），目的是让工作能够低成本和有效率的完成。维修计划员是后勤人员。他们有责任消除维修人员的无效时间。他们的基本责任是确保维修工作启动后，相关任务的执行没有延误。

2）制订周计划并协助一线维修班长或主管确定作业的优先级。与一线维修班长或主管一起审核后，维修计划员可以修改和调整工作计划。维修计划员持有完整和当前的工单订单。当有工作请求时，请求提交到维修计划员。他们审查请求、计划作业，然后和班长或维修人员商讨。计划批准后，该工作被放在日程表上。每个工作周开始之前，维修计划员和维修班长或主管审查周计划。维修计划员会根据维修班长或主管的建议调节计划的排程，最后公布维修工单排程。

3）确保CMMS数据的完整和实时。CMMS中存储着整个工厂或设施的设备、备件和仓库等信息。维护维修活动所需要的设备、备件和人员等资源都有标准代码。维修计划员的一项职责是CMMS的守门员。他们不断审查被输入到CMMS中信息的准确性和完整性。

4）可以协助仓储和采购功能。在较小的工作组织中，如需要做计划的维修人员的数量在15~20个人，一个全职维修计划员的工作负荷可能不饱满，维修计划员可以协助仓储和采购功能。例如，他们可能参与采购与订购、材料的出库与返回、调整和接收仓库的物品等。

5）与维修工程师一起识别、分析和审查设备维护维修的问题。维修计划员根据需要修改维护维修管理计划，以便改善和提升工厂和设施的运营。由于维修计划员负责维修工单系统，任何重复的问题对他们应该是显而易见的。然后，他们和维修工程师一起检查重复的问题，并找到解决方案。在这个层面上，解决方案通常是调整预防性或预测性维修计划。通过计划调整，维修计划员能够提供问题的解决方案。如果问题和预防性或预测性维修关系不大，那么维修计划员将提交给维修工程师来解决。

6）协助教育操作或设施人员有关维护维修管理。因为维修计划员非常熟悉维护维修工具和技术，他们应该参加公司其他员工的有关维护维修管理的基础培训。

上面突出介绍了维修计划员的典型职责。试问，如果组织没有维修计划员，那么谁对这些维护维修任务负责呢？如果要实现维护维修的经济性和有效性，上面介绍的每一项任务必须分配到具体人。在许多组织中，一个常见的错误是一线维修班长或主管既负责维修管理又负责维修计划。然而，当他们的工作量已满负荷时（通常是管理8~12名维修人员），他们不大可能既做管理又做计划。因为他们不能把这两项工作同时做好，所以也就难以实现维护维修工作的高效率和高效益。

到目前为止，我们讨论的重点是如何管理维护维修人员，以及为他们提供所需要的支持，使得他们的工作能有效率和效益。现在我们将转向管理资产或设备。如果前面介绍的两类任务清单已经很好地落实并完成，那么接下来组织要通过工单系统和 CMMS 收集数据。下面介绍的任务列表介绍了如何在维修管理中有效地使用数据。

3. 维修工程师

以下任务是维修工程师典型的职责：

1）确保设备是基于全生命周期的理念正确地设计、选择和安装。许多公司的设备采购直到今天还是低价中标。很简单，如果他们没有执行上面为维修主管和维修计划员列出的任务，那么公司就没有基于生命周期理念购买设备的数据。没有数据，采购和财务部门只会购买成本最低的，但这可能不是长远的、最好的决定。因此，收集维护维修成本数据是很重要的。

2）确保设备运行的效率和效益。这项任务不同于跟踪设备正常运行的时间。这意味着确保设备运行在设计的速度和载荷。当仅仅专注于维护维修时，许多公司设定的目标是设备正常运行的时间。然而，他们没有意识到，设备运行的载荷只有其设计的 50%~60%。因此，了解设计载荷和速度最终要比测量其正常运行时间更重要。

3）建立和使用关键设备分析和状态监测技术。维修工程师要确保使用适当的监视技术，来确定和跟踪设备的状态。然后，将设备状态信息提供给维修计划员，用来制订有效的大修计划。这些技术和信息也有助于消除非计划的维修停机。

4）审查故障维修期间发现的缺陷。正如维修计划员任务 5）提到的，维修工程师和维修计划员定期审查设备维护维修记录。如果他们发现了设备持续性的问题，而问题又和预防性或预测性维修关系不大，那么维护工程师将负责查找问题的解决方案。

5）提供 CMMS 的技术指导。维修工程师审查 CMMS 中的数据，并对他们所涉及的数据类型和数据量提出建议。他们还可能对故障现象、故障原因和纠正措施以及他们的代码提出建议，以便能更好地跟踪维护维修活动。

6）维护库存备件、剩余物资和租赁设备并对其使用和处置提出建议。维修工程师审查工厂设备的备件管理，以便确保仓库储备了正确的备件以及正确的数量。

7）促进设备标准化。维修工程师帮助确保公司采购标准化的设备。标准化减少了所需备件的数量和必要的培训量，也减少了总体维修预算。标准化需要从 CMMS 获取数据。如果组织不通过维修主管、维修计划员和其他相关人员收集数据，那么维修工程师就没有所需的数据做设备的标准化。

8）针对一些技术问题咨询一线维修人员。当涉及设备或维修工作的相关问题时，维修工程师在技术层面上咨询一些维修操作人员。这种咨询可能是有关复杂故障的排除甚至设备的改造。

9）关注新工具和技术。维修工程师负责了解和掌握维护维修市场上可用的工具和技术。因此，他们负责阅读书籍和杂志，参加会议和与其他维护维修工程师交流和沟通，以便收集相关信息。

10）监控外部承包商的资质和质量标准。维修工程师负责确保所有外部承包商的资格以及他们工作的质量符合相关标准。

11）制定大修和停产的标准。维修工程师负责检查停产和大修计划的完整性和准确性。此后，他们要向维修计划员提出调整计划或排程的建议。

12）对维护维修计划做成本效益审查。维修工程师要定期审查他们责任领域的维护维修计划，决定所需要的人力，即操作人员、维护维修人员或外部承包商。此外，他们还要审查需要做的任务，什么任务可以去除，什么新任务需要添加到维护维修计划中。

13）对预防性和预测性维修计划提供技术指导。维修工程师要定期检查预防性和预测性维修计划，以确保使用正确的工具和技术。这项任务通常是和维修计划员一起完成的。

14）关注竞争对手的维护维修管理。维修工程师负责收集竞争对手的维护维修信息。这些信息可能来自会议、杂志文章或对口的交流和沟通。在此基础上，思考和建议公司改进维护维修的潜力和措施。

15）确定作为监测维修管理绩效指标的关注点。维修工程师负责制订维修绩效指标，并和维修经理一起商讨。

16）优化维修策略。维修工程师负责检查和回顾维修策略并确保它们都具有成本效益。

17）分析设备操作数据。维修工程师要确保设备的运行尽可能接近其设计的参数。这样做是为了减少或避免由于设备不在最佳载荷下运行而浪费生产产能。

简而言之，维修工程师负责资产的妥善管理。他们是公司最大化利用资产的关键人物。维修工程师不同于项目工程师。因为项目工程师专注于新工程和新设备，而维修工程师集中在优化现有设备和资产。最终，维修工程师的目标是能否确保公司从其资产获得的产出和拥有类似资产的其他公司相比是相同的或更多的。

4. 维修经理

接下来介绍维修经理或负责管理公司所有维护维修功能的人的职责：

1）负责完整的维护维修工作，包括对维修计划员、维修主管和维修工程师的管理。维修计划员、维修主管和维修工程师负责公司内部所有维护维修活动。维修计划员、维修主管和维修工程师直接向维修经理汇报。这个结构为整个维护维修确立了一点问责制。

2）与组织内其他部门相互协调。维修经理要与其他部门有机协调确保公司业务目标的实现。他们和生产或经营、项目或建设工程、财务、采购以及其他业务部门密切沟通，结果使组织保持对优化公司资产的关注。

3）促进其他组织对维护维修职能的正确理解。维修经理要培育公司内部其他部门对于维护维修价值的理解。这项工作旨在帮助其他组织了解其职能对维修组织妥善管理公司资产努力的影响。

4）确保所有维修主管、维修计划员、技术员和维修工程师得到恰当的教育和培训。为了能够履行各自的职责，其他维修人员需要接受教育和培训。保证教育和培训的落实是维修经理最容易忽视的职责之一。技术在不断进步，整个维修组织的技能必须随之更新，以便实现其职责。

5）负责计划、成本控制、工会活动和休假计划。维修经理负责所有的后勤和维修单位人员的活动。他们也要管理维修预算，以确保维修功能满足预算的要求。

6）设置合适的岗位，配备合适的人员。维修经理有责任确保其组织内部的职位都配备了合适的人员。换句话说，维修经理有责任保障维修组织人员的正确配备和有效运作。

3.4 维修组织和人员配置

在当下企业裁员的大环境下，组织和人员的配置是影响维护维修最关键的问题。怎么样配置维修组织人员呢？虽然多年来公司尝试了很多不同的员工配置方案，唯一保持成功的方法是基于维护维修待处理任务（通常是待执行工单）的工作量来配置维护维修部门。维护维修的待执行工单是已经确认的、需要维修部门执行的工作。其工作量以工时为计量单位。许多人试图用待办工单数量、设备开机率等参数来计量，但都不成功。待办工单唯一真实的衡量标准是基于所需要的工时。要知道所需要的维护维修工作的时间，就必须了解当前人员配置的能力。

计算待办工单所需时间的公式为

待办工单所需时间 = 待办工单所需要的工时数/维修组织的每周可用工时数

例如，一个已经确认的待办工单集所需的人工是 2800h。目前有 10 名维修操作人员，每周工作 40h 加上每周加班 8h。全体人员每周的总工作时间是 480h。公司还使用两个外部承包商人员，每人每周 40h，每周一共 80h。因此，劳动力的总能力是每周 560h。

用所需要的 2800h 除以每周 560h 的总能力，这些工作的完成需要 5 周的时间。考虑到待办工单的最佳值在 2~4 周范围内，乍看起来，5 周的积压似乎离最佳值相差不远。但是，如果组织安排了从下周起，员工的周工作量是 560h，那么可以确定这 560h 的计划工作是不可能完成的。原因是每周都会有紧急抢修或故障检修的工作要做。在一些公司，这类工作占维修部门每周的工作多达 50%。如果是这样，那么每周只可以做 280h 的其他工作。

除此之外，维护维修人员还有一些常规任务要做，如润滑、修复以及其他活动。还有会议、缺勤、休假和培训。当考虑了所有这些因素之后，实际可以安排的时间可能只有200h。如果真是这样，那么待办工单的积压实际上是14周，是不能接受的。不难想象生产部门提交任务，要求在2～4周内完成，而得到的回答是可能需要3个半月的时间才能完成，他们会如何反应呢？

虽然这种情况令人沮丧，但还有一个更重要的问题，正确识别维修组织需要做的工作。维修部门的人员配置是根据所识别出来的工作，而不是实际的、全部的工作。例如，如果有人今天视察了整个工厂的设备，他看到了多少需要做的工作，但没有记录下来？成百的，或许是需要上千小时的工作？这些没记录的工作，连同前面叙述的因素，造成对未来工作量的严重低估，最终导致了维修部门人员配置的不足。进而使得维修组织回到反应性维修模式，因为当前员工的配置无法支持维护维修工作以主动性的方式完成。

另一个工业中常见的做法使得问题加重。这种做法就是被许多公司认同的积压作业清理，也就是从待办事情里删除非紧急的作业或向后延期。因为这些工作被认为是非关键的，可以推迟来做。这是一个错误！工作应该在它变成关键之前被识别和处理。态度是"这只是小事，不必担心"。然而，随着时间的推移，小事演变成大事。然后组织又会说，"我们只想关注大事"，或者说"我们可以等到它成为关键问题再去处理"。

清理不必要的积压工单被公司用来为裁员或减员辩护。任何公司都不至于推迟或取消客户的小订单，让客户等待直到公司填满大订单之后再接受客户的小订单。那么，对维修工单积压清理的是非就清楚了。如果工单转入申请了、批准了，并计划排程了，那么它就是一个合理的请求。它绝不应该被取消或推迟，直到它成为紧急工单。

目标应该是把维护维修的待办工单保持在2～4周之内。如果积压开始增加并有趋势超过4周，那么就应该增加更多的人力。从上面的公式可以看出，可能有3类资源选项。公司可以外包更多的工作，员工可以多些加班，或者雇用更多的员工。相反，如果积压工单开始下降并低于2周，那么公司需要减少人力。公司可以减少外部合同的工作量，减少加班，或最终裁剪维修人员。如果工单积压是每周计划并年度跟踪，那么就可以看清楚季节性趋势和其他峰值。通过分析这类记录，维修经理可以保证维修部门人员的合理配置。

3.5 维修组织的演变

在考察维修组织时发现，他们都有相同的演变模式，如图3-7所示。当公司规模很小时，可能只有一台机器。操作人员既操作又维护机器，还做一些小的修理或服务。如果发生大的故障，操作人员拆卸机器，发现有缺陷的部件，并送出修理。随着公司的不断成长，又添加了几台机器。当然也需要添加几个生产工人。由于他们现在不再依赖于一台机器，第一个维修工人出现了。这个人将是多面手，以便能够顾及各种修理工作。

- ★ 一个操作工
  - 既要操作又要维护设备
  - 送出去大修
- ★ 几台设备，几个操作工
  - 一个多技能的维修技师
- ★ 产量增加
  - 几个维修工
  - 一个维修主管
- ★ 维修工开始专门从事某类修理
- ★ 维修组织开始专业划分
- ★ 维修中心组织变大，难以管理
  - 区域维修组织逐步建立
- ★ 维修中心组织支持区域组织
  - 类似于一个外部承包商
- ★ 区域组织开始转向人员多技能
- ★ 建立维修人力资源库用于补充临时性额外需求

图 3-7　维修组织的成长

演变模式的第三阶段是添加更多的机器和生产工人。这就导致添加更多的维修工人。当所需的维修人力达到了这个程度，维修工人继续向生产主管报告就不再方便了。相反，有必要设置一个维修主管。演变模式的第四阶段是维护维修的特殊技能领域开始专业化。维修技术人员逐渐精通某类设备的修理，或某类特殊类型的修理。随着维修人员的增加，专业化程度不断提升。演变模式的第五阶段是专业化路线。这种发展可能是由于工会的影响，或者是第四步的自然演变。专业路线可以是正式的或非正式的，但它们将变得越来越明显。

演变模式的第六步发生在组织变得太大而难以继续实行集中式的管理。管理问题的出现可能源于几个因素。厂房的内部地理是一个因素。例如，如果工厂覆盖面积有几百英亩（acre，$250\text{acre} \approx 1\text{km}^2$），那么从一个位置管理这么大面积上的设备是非常困难的，即便借助于无线电、自行车或电动车。在这个阶段，组织可以引入区域的概念，设置一些小型维修单元，如上面叙述的早期的三个阶段的组织。

大多数组织在这个阶段的发展采用了两种方案，即进一步内部扩展或外部承包。内部增长将进一步扩展中心人员或车间，用以支持分散的区域组织。因此，当修复工作太大、太复杂，或需要特殊设备时，就会像第一阶段那样送到中心车间。这样的需求往往使得中心车间逐渐变大，而区域组织只有在他们负责的区域出现新的要求时才会增加人员（如新设备添加）或者大部分设备进入衰老期（需要更多的维护维修）。外部承包发生在公司的中心车间没有足够的能力，或者外包给当地资源做加工、修复或安装会更具成本效益。决策的因素是承包商人员的技能水平、反应时间以及承包商和公司的配合。

增长的最后阶段，区域性组织倾向于回归到多面手的概念，即允许一个地区的劳动力资源的配置具有最大的灵活性。为了协助处理工作高峰期，中心组织可能保持一批非常有能力的技术人员，他们精通工厂各个领域的维护维修。有的公司在一个单一工厂拥有多达30或40个区域组织，他们和中心组织以及外部承包商协作，具体操作由区域组织管理，但汇报给中心组织，这样来提供最佳的服务/成本的安排。每家公司要通过几个回合的尝试，才能最终找到适合自己的最佳组织架构。

管理层如何看待维修，维修如何看待自己的角色，以及维修管理者和维修员工之间相互的态度也是非常重要的。管理人员对待维修员工的态度可以帮助他们建立工匠精神和自豪感。如果一个组织处于"救火"模式，维修员工总是被命令或要求尽其所能尽快修复设备，这会严重损伤他们的工匠精神。他们会逐渐养成得过且过的工作态度。

当这种情形开始向主动性维修转变时，现场人员可能难以适应"第一次就做好"的态度。其实，这对任何人都是一样的，因为要改变已经养成的根深蒂固的习惯。此外，维修和生产、操作、工艺的内耗也必须结束。既然维护维修同样贡献于企业整体的盈利能力，那么企业所有的组织都要承担责任和义务。对于维护维修应关注的重点如下：

1）维修车间的位置。

2）维修所配备的设备和工具。

3）维修的激励计划。

维修车间应该位于作业方便的位置。应该方便修理、重新组装以及其他维修工作/工件进入维修车间，在那里有较大的维修工具。因此，那个地区必须有叉车、桥式起重机等运输工具。维修车间的位置还应该保证没有过度的噪声。例如，一个工厂维修车间位于工厂的岩石破碎机旁边，维修工必须总是带着听力保护器。此外，维修车间的车床也在附近，岩石破碎机的振动使得车床的加工精度无法好于0.01mm。不用说，在这样维修组织里工作的维修人员很难建立起自我价值感。

维修车间里的设备也很重要。工具的质量有助于保证车间所做工作的质量。如果维修部门没有配置维修工厂所需要的工具和设备，那就不能说他们没有尽职于他们的工作。例如，很难用万用表代替示波器来测量固态控制设备。要求维修人员使用破旧的、过时的工具和设备来产生高精度的结果折射出他们是否关注维修的重要性。

大多数工厂和设施都没有使用正确的激励计划，鼓励维护维修工匠的产生。激励计划可以关联到设备正常运行时间、产量或生产部门的绩效，以激励维护维修人员。如果维修人员认为他们可以通过提高设备运营的绩效增加他们的收入，他们会更有效率的工作。

3.6 小结

维修组织可以变化和调整，以适应不同的情况。本章中详细介绍了世界各地各种不同的组织类型。需要记住的要点如下：

1）所有组织的存在是为了实现某些目的或目标。维修也没有什么不同，确保你的组织已经知道并接受了相关的目的和目标。

2）管理好维护维修功能很重要。组织不好维护维修资源，会导致过多的维护维修费用。

3）承包商越来越多地用于维护维修。细致的决策可以提升承包商的成本效益。

4）组织对待维护维修的态度可以从他们对维修资源的配置来检验。要始终确保维护维修有适当的工具、适当的车间位置，以及激励机制。

本章讨论了对标的潜在驱动力，尽管不会在纯数据统计中显示。组织结构和专业化的设置是对标的驱动力之一。ISO 55000 标准也要求对组织进行分析，以确保它支持资产管理。本章讨论的有关组织的聚焦、结构和专业设置是对标过程中不大容易分析的部分。它们很少被探索到必要的深度，以便了解它们如何影响组织实现维修最佳实践的能力。如果公司要真正了解对标伙伴的做法，那么它们必须彻底理解和掌握本章所讨论的领域和内容。

维 修 培 训

技术培训被称为美国现有维修结构的最大弱点之一。

如果你认为教育昂贵，请计算一下没有教育的代价！

4.1　培训支出

评估表明一家公司应该为其技术人员做年度的培训预算。有几种方法可用于跟踪培训费用。首先是员工的培训费用。美国培训和发展协会（American Society of Training and Development，ASTD，www.astd.org）2013 年度的一项调查表明，美国公司平均每名雇员每年的培训费在 700～1800 美元范围内。跟踪培训支出的第二种方法是平均时数。调查显示每人每年年平均为 30.3h。调查数字摘要如图 4-1 所示。

使用平均值的问题在于它们不能显示实际上是什么类型的培训。例如，一个培训支出明细表明，技术培训只占总数的 20%。这个比例不足以维持技术人员的技术能力。缺乏技术技能将限制维修资源的配置并增加维修的总成本。此外，对 ASTD2013 年调查的 27% 的受访者表示，非正规的学习在他们组织的学习中所占的比例超过了 50%。这种类型的学习不足以传授必要的技术技能来保障维修组织的成功。

培训统计：平均值	
* 每个员工每年培训费：	1195美元
700美元 低<------->高	1800美元
* 每个员工培训时间：	30.3h/年
* 员工/培训师：	299:1
97:1 低<------->高	400:1
* 外出培训费用比例：	28%
培训费报销比例：	11%
* 教室培训/总培训：	55%
* 技术培训/总培训：	20%

图 4-1　调查数字摘要

4.2　培训的价值

考虑一下图 4-2 中的内容，它提供了一个对维修部门的真实描述。当员工缺乏足够的技能，经理推迟相应工作的实施，一直等到他们认为足以胜任这项工作的人到位。这个推迟导致工作延误、设备损坏以及来自操作或设施管理者的不满。这种情况强调了一个经过适当和持续培训的技术人员队伍的重要性。即便一家公司相信它的员工队伍技术上是胜任的，持续培训也是非常重要的（图4-3）。

有个好的团队 人们会做些检查； 如果有个不好的团队， 人们会宁愿接受 经过评估的一定程度的故障风险

图4-2　培训的价值

技术领域里， 正在使用技能的80% 将在未来3~5年内过时

图4-3　培训的重要性

如果一家公司正处于加速发展的阶段，那么图4-3中的时间框架还要缩短得更多。反思过去20年中工厂和设备在技术方面取得的进展，可以迅速领悟到这些陈述的真实性。如何证明在经济紧缩时期，全面技术培训的投入是值得的？关注一下图4-4中的要点。

这里引述的是一位清楚地理解培训价值的经理所说的话。如果这种类型的投资回报率是关于集中技术培训，那么技术培训的成本在任何经济环境下都是合理的。遗憾的是，没有多少公司使用集中式培训。通常的情形是，一大群人被召集在一个房间里，听演讲和示范的培训，然后让大家离开，希望他们学到了东西。这通常被称为"羊消毒"训练法。

除了维修培训，操作人员的培训也可以对维修成本和设备的完好率产生巨大的影响。图4-5突出显示了操作人员培训的价值。

* 当我们首次跟踪轴承维修的费用时， 　我们惊喜地发现， 　通过对120个员工的轴承培训， 　我们在一年内节省了450万美元
* 培训是对退化的一种防范 　我们要视员工为资产，而不是费用
* 我们没有想什么就花了1亿3000万去买设备， 　但是，如果你走进来说 　你要在培训上花200万， 　人们会惊讶地看着你，以为你疯了

图4-4　培训费用对比节省

* 操作工没有经过培训的公司 　维修费用多14%
* 一个公司的数据显示 　操作工经过系统培训后 　维修费用降低了20%
* 对于一个1000万销售额的公司 　操作费用节省10% 　产生的税前利润 　要胜过销售额增加10%

图4-5　铲车操作工培训

4.3　培训计划

每个公司的自我评价都应该考虑最后一次是什么时间给其维修人员、维修计划员和维修主管做过正规培训。没有良好的培训，维修组织永远不会是有成本效益的。

1. 维修工培训计划

图 4-6 显示了克服劳动力技能短缺的七个选项。

2. 培训选项

如果公司可能由于关键员工的退休或离职造成严重的技能短缺，那么直接雇用受过培训的人员可以迅速解决问题。然而，它不能治愈长期的技能短缺。首先，雇用高技能的技术人员是昂贵的。为了得到有合适技能的人，维修技术人员目前的薪资可能要上调，有时是大幅度上调。

* 雇用受过培训的人员
* 职业学校
* 公司内部
* 在职业学校培训   - (社区学院)
* 经销商培训
* 学院和大学
* 进修教育

图 4-6 维修培训的选项

有些公司提供维修技术人员职位工资而不是小时工资，只是为了能雇用到合适的人。此外，有些公司还支付签约奖金，以确保合适的人被雇用。而且，过度重视经济收入的员工一旦得到了更好的报酬就会跳槽。公司本身技能短缺的情况实际上可能更糟，尤其是如果后备人员没有得到应有的指导。

职业学校能够提供不同程度的收益，这取决于学校与工业界的合作情况。社区学校的情形非常类似。有很多合资的例子是职业学校或社区学校和当地的工业企业有效地合作，确定具体的培训需求，然后设置课程满足这些特定的需求。在许多情况下，课程可以拓展提供给当地所有的工业客户。

使用职业学校和社区学校的第二个选择是在学校里提供培训。公司开发自己的课程，并支付一定的费用使用学校的设施（实验室和教室）。这种选择通常用于教授某种形式的专有课程。这种情况下，公司通常提供教师。

供应商培训课程通常由设备或设备零部件供应商提供。课程通常提供良好的定制教程，供应商通常还提供高质量的培训教师。然而，课程材料通常仅限于一类设备或零部件。此外，供应商培训往往还掺杂着销售的内容。如果可以提前了解这些限制并最小化，这些课程可以带来很大的价值。

四年制学院和大学通常提供更高水平的技术课程，但大部分都集中在设计设备，而不是维护维修设备。偶尔也有大学与工业界合作，开发可以被认可的课程，尤其是电子类的，课程的内容更侧重于维护和故障排除，而不是系统设计。

这种教育方式在进修教育中可以得到拓展。这些课程是由学院或大学内部或外部的专家设计和开发的，并由学校负责推销。这类课程通常 1～3 天，结束后学员可能被授予适当的进修课程证书。课程的范围从非常技术性到面向管理。这类课程通常在企业内部举行，从而降低总成本，尤其适合学员非常多的情形。

企业内部培训是最昂贵的选择，但如果开发和实施得当，也是最有效的。下面讨论一下内部培训的几个级别。

3. 内部培训的级别

（1）学徒培训　第一级培训是学徒培训。这个级别的培训是定期提供给非熟练的工人，使他们通过培训成为熟练的操作人员。培训采用在岗培训与课堂培训相结合的方式。大多数好的课程将运行 3～4 年，包括实验室和现场实际操作。

一些公司与当地职业学校合作来补充学徒工的位置。这种安排允许公司在培训中包含一些指定的材料。职业学校也受益于帮助学生在完成学业后进入公司工作。

（2）对应培训　对应培训是训练学徒工的第二种选择。培训由学徒人员按照他们自己的节奏完成，也是最经济的维修培训方法。密切相关的是"装罐"式培训方式，内容具体到每个专业，如装配工、电工和钳工等。这类培训的缺点是内容的一般性和理论性，而缺乏真实世界的实际性。虽然这样方法对于工程培训是好的，但用于学徒工的培训并不能令人满意。第二个问题是缺乏有实践经验的教师帮助学徒工掌握和应用学习的内容。

关于培训材料通用性的确有很多反对意见。不过，一些供应商的培训倒是包括设备和零部件的维修和故障排除。这类培训很成功，为维修人员所喜欢。事实上，一些熟练工看到了学徒工的培训材料后，甚至自己也买了一套做参考材料。

（3）内部和外部的培训材料　另一个选择是由内部或专门从事维修培训的外部公司开发培训材料。这些材料的开发基于工作需求分析，就是一项专门研究来确定一个岗位的人需要具备哪些知识才能胜任工作要求。然后按照需求分析的要求撰写和图解教材。因为所有的材料都特别适用于被培训人员各自的工作，所以很容易被他们接受。使用这类教材的最大障碍是它的成本。首先，做工作需求分析是有费用的。然后是撰写文字、准备插图、印刷和装订教材的成本。但是，这种针对特定工作岗位的培训的优势在于学徒的学习可以按照自己的步伐，所以是值得在教材上投入费用的。

（4）培训中心　最好的但也是最贵的选择是在公司内建立员工培训中心。它应该配有教室、实验室和实习现场，以便能够培训出合格的、胜任的现场技术人员。一个炼钢厂在 20 世纪 70 年代初建立了这样的培训中心，后来推广到了集团公司的范围。这个中心是培养高级技师的环境，如在机械、电气和流体动力方面的熟练技能。学员除了三个三年的在职培训外，还必须完成 1040h 的课堂培训。

该培训根据经济情况采取了不同的形式。学员可以选择每周上课一天，或是每个月一周，或是上课一个月然后停四个月。最佳的方式应该是每个月一个星期，因为教师可以每个月讲授三个星期，用剩余的一个星期准备下一个循环。一共有五个教室，一个桌子配两把椅子。书桌面是金属的，授课老师可以把一些实物或实验室仪器带入教室。一共有六个实验室：三个机械实验室、一个流体实验室和两个电气实验室（一个直流控制和一个交流控制）。学习包括以下课程：

1）260h 直流电。

2）260h 交流电。

3）260h 机械。

4）260h 流体动力。

课程设置不是理论密集型。相反，它们集中在部件和电路的维护维修以及故障的排除。学员们学习到足够的设计理论，了解了为什么使用某些设计，虽然这些知识并不足以做设计。例如，在涉及 V 带的机械类课程上，学员学到足够的理论来理解速度差和旋转产生的力。讨论的主旨是这些力如何在维修 V 带时出现的疑问：为什么 V 带张力的要求是至关重要的，为什么对齐是重要的，为什么轴承调节很重要，以及为什么滑轮的状态是重要的。这些要点使教材和培训非常适用于他们的工作。

这类培训中最重要的一个因素是什么？从根本上说，是教师。他们决定了培训的成功或失败。如果教师不能将理论与学员现场的实际操作联系起来，课程将是浪费时间的。为此，教师本人应该是经验丰富的高级技术人员。他们还需要有良好的演讲技能，能够制订符合逻辑的、连贯的纲要，还要准备考试材料。如果教师的技能不能被同行所认可和尊重，那么培训课程就很难成功。课程还需要结合在职培训。这可能是这类课程最困难的部分，如培训学员如何清理液压回路，就要保证他们那个月工作时有机会接触一些液压回路。与学员的部门负责人和业务主管良好地沟通将有助于协调解决这类问题。介绍这个实例的目的是要显示公司给予员工培训的重要性。如果不拥有一支受过充分训练的操作工队伍，那么公司就别指望他们的一线员工能够提供高水平的技术服务。

4. 中级培训

中级培训通常与具体任务或设备维护维修规范相关。中级培训课程可以由内部专家、供应商专家或外部顾问讲授。培训可能是介绍公司引进的新技术。例如，当首次将振动分析引入维护维修，有很多由供应商或外部咨询师提供的振动分析的培训课程。这些培训是针对将参与使用新设备和新技术的中级技术人员的。当工厂购买并安装新设备，供应商通常提供设备保养、维护维修和故障排除的培训。再次重申一遍，这是给熟练技术人员的培训。给熟练工人的培训应该是任何完整维修培训计划的一部分。

5. 多技能/交叉培训

多技能培训在增长型组织中变得越来越普遍。然而，它是一个敏感的主题，因为它通常涉及与工会组织代表的谈判。如果美国的维修费用要实现与海外竞争对手费用的一致，这类培训是必不可少的。公司降低成本的机会可以在维护维修活动的计划和调度中发现。例如，考虑一个泵电动机的更换。在严格的工会组织环境中，可能采取的操作如下：

1）一个管道安装工拆卸管道。

2）一个电工拆除电动机电线连接。

3）一个装配工拆卸电动机。

4）一个公用设施使用人员将电动机送达维修区域。

安装流程如下：

1）一个公用设施使用人员将电动机送回到安装现场。

2）一个装配工安装电动机。

3）一个电工连接电动机接线。

4）一个钳工调节电动机位置。

5）一个管道安装工连接好管道。

不难看出，不仅需要许多人参与一台泵电动机的更换，还要协调所有相关人员，保证需要时在位而没有延迟，这可能不那么容易。而通过多技能或交叉培训，可能只需要派一两个多技能的技术人员到现场就能完成所有的工作任务。成本和协调的优势是显而易见的，但这会给员工带来什么好处呢？

首先，这么做有助于确保维修是一个利润中心。这不仅意味着成本的有效性，而且还把部门作为一个业务运营。例如，描述以下一个生产场景：

1）一个人将材料运输到加工现场。

2）一个人将工件安装到加工机床上。

3）一个人钻孔。

4）一个人把钻完的孔按照精度要求处理好。

5）一个人完成工件的表面处理。

6）一个人将工件从机床上取下。

7）一个人将工件送到下一个加工部位。

这肯定不是一个管理完善、具有成本效益的生产过程。那么维修应该怎么做？目标应该是一样的：最大限度地利用所有分配的资源。员工应该努力促进公司的盈利能力，全球竞争对手的员工就是这么做的。

交叉培训的第二个优点是员工有额外的技能，确保他们成为公司目标有价值的贡献者，这增加了他们的自尊和价值。但归根结底，任何交叉培训必须有对员工的财务奖励。因为受到交叉培训的员工对于公司有更大的价值，所以他们应该得到更高的工资。

例如：

1）学徒：薪资水平1级。

2）中级（1门精通）：薪资水平2级。

3）中级（1门精通，1门初级）：薪资水平3级。

4）中级（1门精通，2门初级）：薪资水平4级。

5）中级（2门精通，1门初级）：薪资水平5级。

这个清单可以继续，取决于所涉及的专业和技能。

这类规划在美国越来越受欢迎，因为没有更好的选择。如果要利用降低成本的潜力，多技能培训是最重要的、需要研究的领域之一。

6. 维修计划员培训

维修计划员应该来自有良好后勤能力的维修技术人员。然而，维修计划员需要接受超出维修技术人员要求的技能培训。这些科目包括如下：

1）维修优先级。

2）维修汇报。

3）项目管理。

4）库存管理。

5）调度技术。

6）计算机基础。

没有这些培训，将很难达到成功地计划和调度维护维修工作所必要的技能水平。培训是培养好的维修计划员的最重要的因素之一。培训材料的来源类似于维修操作人员的培训，还可能来源于：

1）通信课程。

2）大学赞助研讨会。

3）公共研讨会。

4）维修顾问。

5）维修管理软件供应商。

维修计划员培训的内容取决于组织的性质，如设施、过程工业、食品服务和车队等。每类组织都有自己独特的需求，即便许多基本原则是相同的。好的、有能力的、熟练的维修计划员能够给公司带来数倍于为他们培训的投资。

7. 维修主管培训

维修主管职位的70%是从一线维修工或维修计划员提升的。接下来，他们要熟悉将要负责监督管理的任务。就我个人的观察，很少有工程师或其他非维修专业的技术人员转过来成为一线维修主管。缺乏一线维修知识或经验难以从事现场实际工作的监督和管理。从维修一线人员选择维修主管的主要错误之一是提升了他们，但没有对他们加以适当的培训，就好像是管理层希望他们通过日常的耳濡目染来提高各自的管理技能。维修主管应该在上任之前就接受良好的主管培训课程。这些培训中应该涉及的一些领域是：

1）时间管理。

2）项目管理。

3）维修管理。

4）目标管理。

上级领导对一线维修主管的支持和理解可能决定着所下达的要求能否实现。因此，维修主管们应该接受必要的培训，以保证他们工作的成功。反过来，他们的成功也将传递到组织的其他部分。

4.4 小结

培训是一个隐藏的因素，需要在对标项目中仔细分析。不清楚地了解员工的技能，那么最佳实践的建立、实施和持续是难以被理解的。

　　培训对维修组织的各个层面都至关重要。遗憾的是，在不稳定的经济环境下，维修和培训是首批被削减的。尤其是当管理层认为培训是非必要的，而大多数组织都有培训计划。要管理好维护维修，就必须先改变这种短视的管理理念。

工 单 系 统

工单系统是维修维护管理的关键成功要素之一。工单是用于收集所有必需的维护维修信息的文档，可以用多种不同的方式进行描述。在本书中，将使用以下定义：

"工单是由维修计划员筛选出来的认为必要的，并为其明确了所需资源的工作请求。"

5.1 谁使用工单

工单不应仅由维修部门实施，而不考虑其他部门。维修工单系统的使用应涉及的职能和部门如下：维护维修；运营/设施；工程；库存/采购；财务；高层管理。

1. 维修部

维修部是工单的主要用户。维护维修工作需要以下信息：

1）需要对什么设备进行维修。

2）需要什么资源。

3）所需执行工作的描述。

4）工作的优先级。

5）需要完成的日期。

工厂或设施类型不同，维护维修管理还可能需要其他相关信息。重点在于为了能够实现良好的管理决策，维修组织必须获得的信息。如果无法从工单中获取这些信息，那么从其他来源获取到可靠的信息则更不可能。

2. 运营部/生产部

运营部也需要作为工单流程的输入端。他们需要能够通过一个简单的流程进行维修工作申请。如果他们不得不一式三份地填写15份表格，那他们将不太可能参与到工单的使用中，从而无法实现工单系统的有效性。无论是手动还是计算机化，工单系统必须易于运营和生产人员使用。他们只需要填写简要信息，例如：

1）需要维修的设备。

2）所需工作的简要说明。

3）需要进行维修的日期。

4）请求人。

随后维修计划员可以基于这些信息生成完整的工作请求，继而将其转化为工单。在一些企业中，特别是那些以"操作员驱动的可靠性（Operator Driven Reliability，ODR）"为导向的企业中，操作人员可能与维修人员一样多地参与到工单系统的使用中。然而，对大多数企业来说这仍然是未来的发展方向。

3. 维修/可靠性工程师

由于维修/可靠性工程师通常对预防性和预测性维修负责，因此他们同样需要作为工单系统的输入端。除了要求工程服务的工作外，维修/可靠性工程师还需要访问历史信息。如果得以准确和妥善的维护，历史信息可以帮助工程师制订有效的预防性维修计划。如果没有准确的历史信息，预防性维修和预测性维修就成了猜测和碰运气。

因此，维修/可靠性工程师需要以下信息：MTBF；MTTR；故障原因；维修类型；所采取的纠正措施；维修日期。

正确使用这些信息将帮助维修/可靠性工程师优化预防性维修计划。

4. 库存与采购

库存与采购部门需要来自工单系统的信息，特别是有关已计划待完成的工作。如果工作计划正确，库存与采购人员将知道这些工作在何时需要使用什么备件。准确的维修备件消耗历史信息将帮助他们设定维修备件的最大/最小库存量、订购点、安全库存和其他设置。库存与采购部所需要的信息包括：备件编号；备件描述；所需数量；所需日期。

5. 财务部

财务部需要来自工单系统的信息，以便为维护维修工作所使用的人工和物料进行相应的成本统计。不同的地点成本核算系统可能不同。但通常都会收集以下信息：成本中心；财务编号；计入账户；部门费用编号。

6. 高层管理

高层管理感兴趣的信息可从多个工单收集汇总。因此，这些信息必须易于从工单中提取。摘要信息应该从完成的工单、正在进行的工单和已经排程的工单中汇总和编辑。如果信息不易提取，管理人员则可能需要花费数天进行收集。关键信息字段的复选框对于简化流程非常重要。计算机化系统则使这个任务更容易，但前提是正确的设计。总之，工单系统的目标如下：

1）提供工作请求、分配与跟进的途径。

2）提供下达工作指导的途径。

3）提供估计、累计维修成本的途径。

4）提供收集生成管理报告所需信息的途径。

5.2　工单类型

任何工单系统都必须对不同类型的工单加以区分。最常见的工单类型包括如下：计划工单；日常工单；紧急工单；停机工单。

1. 计划工单

计划工单在之前已经做过简要叙述。它们始于工作请求，是经维修计划员筛选，并已明确了所需资源，做了排程的工单。工单执行过程中，相关人员会输入工作信息，并提交存档。这种类型的工单是最为常见的，将在第 6 章"维修计划与排程"中做更详细的讨论。

2. 日常工单

日常工单的用途如下：

1）重复性的小型作业，往往处理工单等文档的成本都超过了作业成本本身。

2）一些固定或例行任务，没有必要在每次执行时都重复生成工单。

这些工单是针对通常只需 5 ～ 30min 的快速作业生成的，如断路器复位或快速调整。如果为每一项这样的工作都生成一张专门的工单，那将会使维修工作埋藏在一些无法有效编辑并生成有意义的报告的小事里。日常工单往往是针对特定设备或财务编码生成的。每当执行这类作业时，会将相应成本归入对应的工单编号。日常工单本身往往不会关闭，而是在管理层预设的时间段内一直保持开启的状态。在特定时间段结束后，该工单将关闭并过账到历史记录，而新的日常工单会随继生成。

日常工单的一个问题是人们有时觉得它们可以像信用卡一样使用，把那些没有途径计入的维修人员工作时间都归入到日常工单上。偶尔这样做可能无妨，但是当日常工单关闭时，就可以发现这些违规操作者。维修信息系统使得检测更加容易，因为它们可以快速地生成所有将工作时间归入日常工单的人员的列表。一些更复杂的系统甚至可以显示任何维修人员在不同类型工单上所花费的工作时间的百分比。如果怀疑某人违规操作，很容易找到他们。但是，这些做法通常是特例，而不是经常发生。大多数员工不会滥用日常工单。

3. 紧急工单

紧急工单或故障工单通常在维修作业完成之后才生成。故障需要快速响应。大多数情况下，没有足够的时间来完成常规的计划和排程。维修人员、主管或生产主管通常在维修完成后登记紧急工单。紧急工单的格式与工作请求类似，只需要填写简要信息。当工单归入到设备历史记录时，应将其标记为紧急工单，以便通过以下方式进行分析：设备编号；设备类型；所属部门；工作请求发起人。

分析紧急工单可以帮助明确其趋势，而这些趋势在计划维修维护工作时是非常有价值的。故障请求或紧急工单的典型流程如下：

1）故障处理请求由中央调度点接收（可能是维修主管）。

2）接收到的请求发送至维修主管。

3）如果维修工作超过一定时间或成本，维修主管将和维修计划员做更深入的工作分析。

4）相关后勤工作安排妥当后，维修工作开始。

对于工作请求的集中式处理是出于防止重复任务分配的需要。如果同一工作有多个请求，可以为其分派几个维修人员进行处理。

当维修工或主管到达工作现场时，他们可能意识到工作内容比最初请求的更多。如果所需工作量超过一定成本或时间，则该项任务将发回到维修计划员做调整。如果通过排程可以更方便地协调，那么维修计划员会密切地关注该工单，一旦所需物料和人力资源就位，便对其排程。这种方法使得维修活动更加事半功倍，而不是将资源浪费在等待作业上。

4. 停机工单

停机工单用于作为项目执行的工作或需要设备较长时间停机的任务。这些标记为"停机"的作业，不应显示在常规的待完成工单中。这些工作仍然需要计划，确保在停机前就已明确所需资源并准备就绪。这样的计划能够防止不必要的延误，并最大限度地提高员工的工作效率。许多情况下，停机工单的信息会被输入到项目管理系统中，以便于管理整个项目的进度。CMMS 的项目管理功能往往不能满足这类工单排程调度的需求。一些 CMMS 供应商已经在软件中添加了和项目管理系统的接口，来弥补这种不足。

5.3 建立有效工单系统的障碍

一些最常见的和工单相关的问题如下：

1）不充分或无效的预防性维修计划。

2）人力资源管控不足。

3）库存管控不足。

4）缺乏良好的计划与排程。

5）缺乏绩效评估。

6）不完整或不准确的设备历史信息。

1. 不充分或无效的预防性维修计划

不充分或无效的预防性维修计划会影响工单系统的成功与否，影响可能不那么严重，也可能使工单系统完全失效。预防性和预测性维修是工单系统运行的关键。如果企业尚处于事后维修模式，几乎没有时间正确地操作工单系统，因为提供工单系统所需要的信息是需要时间的。当企业不得不被动地应付一个接一个的故障时，几乎没有时间记录相关信息，或记录的信息通常都是粗略和不准确的。

当工作按计划定期执行时，企业则处于积极主动的模式，其紧急维修的比例会降低到20%甚至更低。这样的计划使得维修主管和维修计划员能够正确地使用工单系统。而没有预防性或预测性维修计划，企业就不可能正确地利用工单信息系统。

2. 人力资源管控不足

缺乏对维修人力资源的管控是阻碍有效使用工单系统的第二个因素。以下是关于人力资源管控的一些常见问题：

1）某一类或所有工种人员配备不足。

2）监督不足。

3）培训不足。

4）缺乏问责机制。

如果缺乏对这些领域的恰当管控，那么当维修计划员安排工作时，很可能面临人力资源不足或无法胜任的情况。人力资源的恰当管控，对于建立有效的工单系统是非常重要的。

3. 库存管控不足

在维修作业有物料需求时，对库存缺乏有效管理将大大降低工单系统的有效性。缺乏准确、实时的物料库存信息，维修计划员将无法有效率地安排工作。如果某项作业需要更换备件，而在计划的时间内却无法获得该备件，则维修人员将会浪费宝贵的时间等待备件，从而降低了维修团队的工作效率。维修计划员、维修主管和维修工必须能够获取到维修用备件库存量的实时信息。大多数咨询顾问也认为维修备件/物料是维修维护计划制订过程中最重要的部分。

4. 缺乏良好的计划与排程

低质量的计划与排程会影响工单系统的运作，因为工单的大部分信息是不可靠的。在这种情况下，工单会渐渐被废弃，导致工单信息流的中断。工单系统的成功运行需要准确和实时的作业计划。如果企业没有工单计划系统，那么就谈不上有真正的工单系统。

5. 缺乏绩效评估

缺乏绩效管控实际上是管理层缺乏跟进。一旦作业计划或工单生成，应始终对其监控和检查。这样的检查可以揭示出以下领域里存在的问题：计划；排程；工作监督；维修人员。

发现问题后，这些缺陷可以通过相应的措施得到纠正。然而，如果不控制绩效，责任缺失将造成散乱的工作状态，使得工单系统再次陷入被废弃的危险。

6. 不完整或不准确的设备历史信息

不完整或不准确的设备历史信息，将阻碍工单系统的顺利运行，进而用于管理决策的任何信息都不可靠。管理层无法基于设备历史信息进行预算的制订、设备维修成本的预测或人力需求的预测。这种情况是因为没有准确地反馈工单的实际信息，而设备历史记录又是基于工单历史记录构建的。除非人们特别关注所发布的工单数据的准确性，否则不可靠的工单系统也将渐渐地被废弃。

5.4　小结

　　工单系统是企业实现成功维修维护的基石。如果得不到有效地利用，那么企业将无法期望从维修维护活动中得到令人满意的投资回报。但是，工单问题并不仅仅关乎维修部门。除非企业的所有职能部门能够以合作的方式共同使用该系统，真正的维护维修资源优化将只能是空谈。

维修计划与排程

最近有一项调查，旨在发现困扰维修经理们的主要问题。如图6-1所示，超过40%的受访者表示维修排程是他们面临的最大问题。维修计划和排程是当今最被忽视的领域之一。本章将探讨缺乏良好的计划和排程的原因，以及解决该问题的方法。

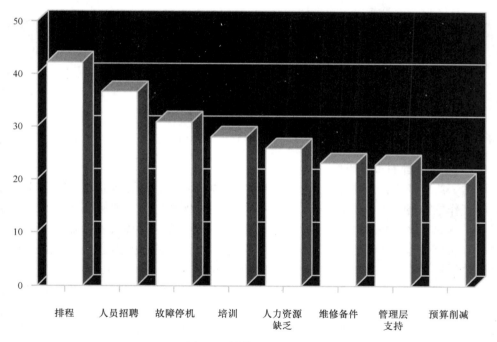

图 6-1　维修的相关问题

6.1　维修计划员与主管

维修计划与排程的主要障碍之一是管理层不愿意承认维修计划员对计划是至关

重要的。事实上，图 F-3（见前言）表明，虽然美国 2/3 的维修部门有维修计划员，但他们并没有正确使用该职能。然而，图 6-2 揭示了一个隐藏的问题。即使企业有维修计划员，他们人均所负责调度的维修人员也超过了应有的水平。维修计划员应负责 15 名（最优水平）至 25 名（上限）维修人员。而一个维修主管所负责管理的维修人员人数应在平均 10 名左右。他们之间为何有这样的区别呢？这可以通过审视维修主管和维修计划员的职位描述来给出回答。

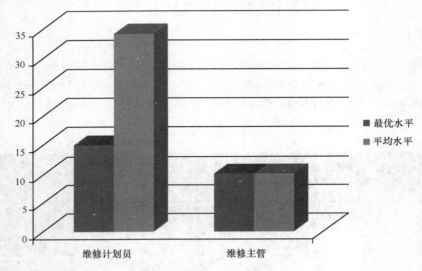

图 6-2   维修计划员/主管比例

1. 维修主管的工作职责

本书第 3 章讨论了维修主管的职责范围。本部分则更密切地关注维修主管如何影响工作的执行。维修主管一个很重要的职责是确保他们所管理的维修技师处于良好的工作状态并准备好执行每天的工作。这并不意味着主管必须使用命令和控制的方式，相反，他应该更多是教练和指导的角色。因为最有效的激励方式，是在整个工作执行过程中给予技工人员所需要的帮助和支持。

当主管确定了工作所需要的流程、技能和人员时，他们实际上并不确定需要多少人力。这个决定应该已经由维修计划员做出了。相反，维修主管会更多地关注每项工作，并为其指派与工作要求匹配的具备相应技能水平的技工人员。如果工作内容较多，则需要为每个步骤的工作分配相应技能水平的技工，并将相应技工都派遣至该工作。维修主管负责确定谁来做什么。每项工作的协调和跟进都要求主管与维修技工一起在现场。他们不应该坐在办公室里，因为那样他们不知道现场发生了什么。工作执行过程中的安全和执行的质量，也要求主管与维修技工一起在现场。因此，他们必须具备所需的工作技能和知识，因为质量和安全是他们的责任。

如果维修主管要负责招聘、解雇和薪酬审查，他们则必须接受适当的培训。很多时候维修经理希望亲自管理这些事。可谁最了解基层员工的工作习惯和技能呢？自然是直接主管，而不是再上一级的维修经理。适当的管理培训将使主管能够有效地履行这一责任。

如果维修主管需要做出有关降低成本和优化改进的建议，则他们必须在技术上完全胜任，了解他们的员工，了解他们的工作流程，并且对所管设备的工作原理有基本的了解。虽然这看起来似乎是对他们技术方面的要求比较高，但这只是着重说明了成功的维修主管必须具有相应的技术水平。

识别故障，尤其是重复性故障的原因能突显维修主管的故障排除技能。如果他们在这方面没有较高的水平，那么维修技工的工作也就变成了单纯的零部件更换。维修主管在工单系统中针对故障原因做出的反馈，可以帮助调整预防性和预测性维护方案，并且为工程人员提供有关设计缺陷的宝贵反馈。为一线维修人员建议必要的技能和培训，再次突出了主管与其员工之间的相互影响。通过了解员工能做什么，不能做什么，主管能够建议通过哪些新的培训，来提高他们的工作知识和技能。这将改善维修队伍的工作态度和业务水平，同时也会提高主管人员的管理能力。

当审视维修主管的工作职责时，以下几点变得清晰起来。首先，维修主管必须对所管理的维修维护工作具备扎实的知识基础。这些知识非常重要，因为他们的职责要求他们清楚地知道一线人员在做什么。其次，主管必须与指派的维修技术人员一起出现在工作现场。然而不幸的是，在今天的大多数企业中，维修主管已经成为"荣誉头衔"，这是对维修主管这个职能的不当使用。一线维修主管花费于文案处理的时间不应超过其工作时间的25%，而其他75%的时间应该用在工作现场，支持一线员工的实际工作。这个问题随着时间的推移而发展。降低运营成本的压力使得企业削减了文案处理的职位，这反过来迫使维修主管不得不承担本不属于他们工作范围内的职责。

2. 维修计划员的工作职责

企业所犯的一个更大的错误是对于设定专职人员做维修计划与排程犹豫不决。如第3章所述，维修计划员的工作职责显然不同于维修主管。如果维修主管要顺利地完成他们的工作，那么维修部门必须做好恰当的人员配置。为了着重说明维修计划员的重要性，并展示他们与维修主管工作职责的区别，在这里有必要更详细地回顾与审视维修计划员的工作内容。

第3章着重讨论了维修计划员的主要职责。现在来更深入地研究维修计划员如何影响维修活动的计划。维修计划员的工作始于接收到的工作请求。首先，维修计划员对所有的工作请求进行审核，确保它们与当前的工单没有重复。维修计划员还必须清楚地了解工作申请人的要求，以便所制订的作业计划产生预期的结果。如果他们对所要求的工作内容不清楚，他们则需要到工作现场进行调查。这样的实际调查有两个目的：首先，它保证维修计划员清楚无误地理解所请求的工作内容；其次，这将给他们机会，去发现任何可能存在的安全隐患或其他可能需要记录的问题。如果实地调查后，他们仍然不清楚工作请求的内容，他们将向工作请求者了解更多信息。这种面对面的讨论可以确保维修计划员开始计划之前准确地了解了工作内容。

接下来，维修计划员需要预测该项作业将会涉及哪些维修流程，以及将需要多长时间。此步骤非常重要，因为这些预估为排程的精确性提供了基础。维修计划员接下来将确定需要使用哪些物料。准确的库存信息对于这个工作是至关重要的。没有库存数量的可靠信息，维修计划将不准确，最终导致维修计划不可靠。在完成此步骤之前，维修计划员需确保所有物料均可使用且数量充足。他们可能在仓库中找不到所需的零部件，可能需要直接从制造商/供应商订购，这样的零部件被称为非库存品。它们的交货日期成为下一步工单处理的关键。维修计划员要确保所有必需的资源，包括人力、物料、工具、租赁设备和外包商，在工作排程之前就已准备就绪。确保资源的可用性消除了不必要的生产损失，因为在维修人员开始工作之前，一切都必须准备就绪。

基于之前已经完成的工作，维修计划员会保存重复性工作的相关文档。这些工作将以相同的方式进行，每次使用相同的人力资源和物料。它们不是在定期安排的基础上完成的，而是以变化的频率进行的。维修计划员将创建一个文档，统计每项作业的实际平均工作时间和相关成本。此数据便成为下次对类似作业排程时的预测基础，从而提高了计划的准确性。维修计划员还可以保存按照设备分类的工单历史文档。这样，当相同或类似的工作出现时，他们可以去历史文档中查找之前的工单信息。通过复制历史工单中的作业步骤、物料和其他相关信息，作业计划的制订将变得更容易。维修计划员也会查找先前工单的作业反馈与评论，以确保作业计划没有忽视或遗漏。

由于维修计划员对工单进行管控，他们也需要负责各个专业待完成工作的汇总，即明确待完成工作所需人力资源的总和。该信息使维修计划员能够提醒管理层增加或减少各专业的人力资源。维修计划员将绘制一个动态的六个月内待完成工作的趋势图表，以便跟踪，还需跟踪每周可用的维修人力资源，以便他们可以在准备每周工作计划时将待完成工作中的相应部分分配给维修团队。在统计时，维修计划员需考虑诸如假期、病假和加班等因素，并确保制订准确的工作执行时间表。

通过对比待完成工作的工作量和可用的维修人力资源，维修计划员可以生成一份暂定的下周工作计划。他们会将其提交给管理层，以便他们进行任何必要的更改并批准。每周结束时，维修计划员将已批准的周计划递交给维修主管，以便他们为下周的工作做准备。维修计划员不会告诉主管什么时候做哪项工作，或者由谁来做哪项工作，这些决定是维修主管的责任。维修计划员负责制订每周工作计划，而维修主管负责每日的工作排程。工单完成后，维修计划员会接收并检查，标注存在的问题，将它们储存在设备档案中。工单文件按相关设备存档，以便于查找设备维修历史。每个工单包含以下信息：维修日期；工单号；累计停机时间；故障原因代码；工作优先级；实际工时；实际使用物料；总成本；本年度累计成本；生命周期累计成本。

管理层可以将这些信息编辑纳入到报告中，供日后决策时使用。虽然这是一个每年一度繁重的任务，但计算机化系统可以相对容易地编辑信息。维修计划员还负责维护设备信息，如图样、备件列表和设备手册。这些信息可供整个维修部门使用，但对维修计划员的工作尤其有帮助。因为他们可以访问工单档案，与工程部合作，发现预防性与预测性维护系统中的缺陷或过维护的情况。

维修计划员的工作应是全职的，较之维修主管需要处理更多的文案。维修计划员应将75%的时间用于文案和计算机辅助的工作，而约25%的时间花在现场，重点关注设备及备件。因此，没有人可以同时既是维修计划员又是维修主管。两者都应是全职工作，其职责都非常重要。

3. 维修计划员的工作技能要求

首先且最重要的是，维修计划员应具备良好的维修技能。要有效地进行计划，维修计划员自己需要知道如何执行某项工作。如果工作计划不现实或不准确，维修人员很难也不会按照计划执行工作。而不良的计划会增加维修计划员的工作量和挫败感。

维修计划员应具备的工作技能如下：

1）具备维护维修经验。

2）具备维修工作控制经验。

3）具备物料管理经验。

4）较强的管理和组织能力，具备画图技巧将更有帮助。

5）仓库计划员需具备库存管理技能。

6）现场计划员需具备多领域知识。

7）工资等级应相当于维修主管。

维修计划员还必须具备良好的沟通能力。他们需要与不同层次的管理团队、生产以及工程部门互动。不良的沟通将严重影响维修部与其他团队的关系。维修计划员还必须具备良好的计算机应用和文案处理能力，因为他们有75%的时间会花在这类任务上。鉴于一些维修技术人员在转任维修计划员后无法顺利进行工作内容的转换，因此在成为维修计划员之前，应该使他们能够明确了解维修计划员的职责要求。此外，维修计划员还必须能够清楚地理解工作指示，因为他们需要向维修人员进行传达。如果他们自己都不理解，又如何期望维修人员能够理解呢？

对于维修计划员良好的画图识图能力的要求，初看起来可能有些多余，但维修计划员经常会被询问哪些零部件需要更换。良好的画图识图能力使他们可以很容易地绘制这些零部件的示意图。因此，画图识图能力便成为了一个重要的沟通技巧，是维修计划员必不可少的技能。

维修计划员还必须深入了解企业的优先级设定和管理方针。没有清晰深入的理解，他们将很难以令人满意的方式工作。而良好的理解可以提高整个计划的执行效果，并有利于整个计划为企业所接受。

6.2 计划失效的原因

计划失效最为普遍的原因如下：

1）工作职责重叠，分工不清晰。

① 区域-工艺-部门。

② 责任重叠与责任缺失同时存在。

2）维修计划员不具备应有素质。

3）维修计划员不负责任。

4）维修计划员没有足够的时间进行正确的计划。

① 试图为过多的维修人员进行计划。

② 被事后维修工作占据过多的工作时间。

更详细地审视计划失效的原因，可以帮助预防未来更多的失效。计划失效的一个原因是工作描述不完善，并且工作职责重叠。这意味着当维修计划员 A 认为维修计划员 B 在进行特定任务的计划时，维修计划员 B 却认为维修计划员 A 正在处理此项工作。结果就导致某些工作并没有计划，所谓的计划也就失去了可信度。消除这个问题需要严格清晰的计划分工。无论计划是由一线维修工制订的，还是由相应部门或是维修主管制订的，职责划分必须清楚，计划必须得以监控。如果管控到位，这个问题可以很容易地消除。

不具备相应资质的维修计划员很快就会使整个计划体系崩溃。不现实或荒谬的工作计划将摧毁计划的可信度。首先，维修计划员必须满足具有适当工作技能的要求，其次是其他的资质要求。维修计划员应该接受适当的培训，并有机会学以致用。但不管怎样，为了整个维修体系的良好运转，维修计划员的任用应严格遵循"陈力就列，不能者止"的原则。

如果维修计划员粗心大意，这会影响工作计划。对于这样的问题，应当实施适当的奖罚措施。但是，首先需要明确管理团队是否也应该负相应的责任。很多时候，维修计划员的粗心大意可能会与来自企业管理层的问题相混淆。

而维修计划员没有足够的时间做好维修计划的主要原因又是什么呢？请首先检查维修计划员与一线技术人员的比例是否失调。如前所述，该比例的最佳值应维持在 1∶15。如果维修计划员的工作条件和所计划的工作类型是较为优化的，则 1∶20 的比例也是可以接受的。而如果该比例超过了 1∶25，那计划体系注定将失效。考虑一下计划工单的所需工作步骤：一个人能够日常处理 25 个工单的计划工作吗？那 50 个工单呢？估计一下每个维修人员每天完成的工单数量，然后乘以每个维修计划员所负责的维修人员数量，便可以得出维修计划员的日常工作量。而维修计员超负荷工作是一个常见的问题。消除这个问题有助于确保维修工作计划的成功。

6.3 工作计划收益

工作计划提供了许多好处。首先，它有助于节约成本。表6-1列出了公司通过从故障或紧急维修转变为计划维修所带来的节约。

表6-1 计划维修与非计划维修的成本 （单位：美元）

项 目	计 划 维 修	非计划维修
工作1	30000	500000
工作2	46000	118000
工作3	6000	60000

在每种情况下，相同的作业，在故障维修模式和计划维修模式下各执行一次，上述事例成本节约显著，足以说明建立综合计划体系是非常值得的。

除了节约成本之外，工作计划还有助于提高维修效率，也因此会提升员工士气。参考以下实际维修时间的定义：

1）实际维修时间是维修技术人员运用相应工具实际执行所分配的维修任务的时间。

2）这也是他们的薪酬所真正对应的时间。

维修技术人员实际维修操作时间的全国（美国）平均比例小于30%。一些以事后维修为主的企业中，该比例甚至低于20%。为什么会发生这种情况呢？非计划工作所造成的效率损失如下：

1）等待工作指令。

2）等待备件。

3）寻求主管支持。

4）了解工作分配。

5）在作业地点与仓库间多次往返，以获取备件。

6）缺乏合适的工具。

7）等待批准，以继续最初工作范围定义不当的作业。

8）同一项作业任务被分配过多的维修人员。

这些延误和损失非常常见，因此不需要在此赘述。对于维修人员来说，就像所有专业技术人员，他们希望把工作做到最好。而管理团队缺乏合作和协调，影响了他们的工作效率。确保维修人员顺利完成工作所需的要素如下：

1）维修人员有作业指令。

2）维修人员了解工作任务的目标。

3）正确的备件已到位。

4）正确的工具已到位。

5）维修人员能够得到生产运营人员的理解和支持。

6）维修工作能够善始善终。

所有这些要素都是良好的规划和排程的一部分。工作计划是任何成功的维修部门的一个有机组成，它的影响非常广泛，从企业利润到维修人员士气。如果你有过计划失效的经历或现在正在进行工作计划，请尝试实施本节中的一些建议。本章的其余部分将深入研究维修排程。但是，请记住，没有良好、准确的工作计划，排程便是一项不可能的任务。

6.4 维修排程

从最简单的意义上讲，维修排程就是将维修的人力和物料资源的可用性与相应的工作请求进行匹配。然而，如果真是这么简单，那维修排程也就不会被维修经理列为主要问题之一了。排程起始于良好的工作计划，需要识别所处理工单的不同阶段或状态，了解资源的可用性，并且促成已排程工单的完成。在计划工单时，维修计划员需要跟踪工单所处的不同阶段，这由工单的状态代码所标识。表6-2列出了工单的常用状态代码。

表 6-2　工单的常用状态代码

等待状态代码	工作状态代码
（等待）批准	待排程
（等待）计划	进行中
（等待）工程	已完成
（等待）物料	已取消
（等待）停机	

将工单状态设置为"待排程"之前，维修计划员需要确保工单的等待状态代码已清除。在工单准备工作真正完成前就对其排程会降低工作效率。接下来，维修计划员需要确定对应的排程周期内的可用人力资源。用于确定可用的维修人力资源的最为精确的计算公式如下：

总容量：(技术人员总数 × 每周工时数) + 加班工时数 + 合同制工时数

每周扣减：(平均每周事后维修所需工时) + (平均每周缺勤工时) +

(平均每周例行工作所需工时) + (平均每周其他杂项工作所需工时)

工时净容量 = 总容量 − 每周扣减

真实的人力资源容量可以与相应的人力薪酬进行比对。薪酬有一个总额和一个净额。总额是工作时间乘以薪酬率。净额是扣除税收与各项社会保障之后的余额。

人力资源总量也有总额：即雇员总数乘以预排工时，加上加班工时与合同工工时。然而，现实总会有特殊情况，你不能期望一切都能够按计划进行，也不能期望完成超过人力资源薪酬总额相对应的工作量。实际的人力资源容量需扣除紧急情况、缺勤，以及预防性维护工作或日常例行工作所占工时。

良好的排程需要了解每个工艺的积压工作量，即每个工艺的待完成工作量。只有当使用实际有效的数字进行计算时，才能精确地确定每个工艺的工作积压。精确测量工艺积压工作量的公式（以周为单位）如下：

工艺积压工作量 = 待排程的工单所需工时总数/每周人力资源净容量

准确的积压工作量应基于待排程的未完成的工单，而不包括处于等待状态的工单。上述公式可计算出积压工作的周数。反过来，了解积压工作量有助于确定各工艺组的人员配备要求。比较正常的积压工作量是2~4周。一些公司可以接受2~8周的范围。高于该范围，则说明工作请求者倾向于高估工作优先级并规避排程的步骤。大于4周的积压工作量表明需要增加人力资源，该需求可以通过以下方式满足：加班；增加合同工；调用（其他部门）员工；雇用新员工。

而少于2周的积压工作量表明需要减少人力资源，可以通过以下方式满足：减少或消除加班；减少合同工；将员工转岗；裁员。

为了恰当地管理维修团队，需要跟踪一段时间内积压工作量的发展趋势。此举将有助于识别出现的问题和评估解决方案的有效性。一个好的趋势图应是基于12个月周期的滚动图表。示例图如图6-3所示。

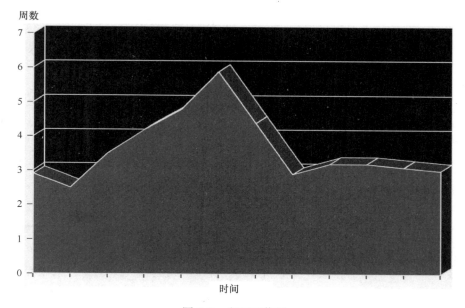

图6-3 积压工作量

掌握这些信息后，维修计划员就可以开始进行排程。记住，维修计划员需要关注的主要是每周的工作排程。以一周为周期，为处理意外延迟，如紧急维修和故障维修、天气原因造成的延迟和紧急订单的生产等，提供了最大的灵活性。排程时，维修计划员需要了解以下注意事项：工作优先级；正在进行的工作；紧急维修和故障维修工作；基于历史的预测；例行工作；预防性维护工作；到期与超期；每周人力资源净容量；积压工作量。

维修优先级的确定基于以下多种因素。该优先级衡量工作的关键性或重要性。

1) 紧急维修或故障维修。

2) 紧迫的、关键的工作（24~48h）。

3) 正常的计划性工作。

4) 需停机的工作、需返工的工作。

5) 预防性维护。

6) 与安全相关的工作。

7) 建造类工作。

优先级系统越简单，其使用就越容易被接受。随着它复杂性的增加，能够理解它的人将越来越少，能够正确地应用它的人自然也就更少。表6-3显示了一个更为复杂的优先级系统。

表6-3　结合设备关键性的复杂工作优先级

工作优先级代码（WPC）	生产设备（关键性）代码（PMC）
10. 关键	10. 关键
9.	9.
8.	8.
7.	7.
6. 中等	6. 中等
5.	5.
4.	4.
3.	3.
2.	2.
1. 非重要	1. 非重要
最终优先级 = WPC × PMC	

该优先系统从维修和生产两个角度，综合考虑了设备的重要性和维修工作本身的重要性。当两个因子相乘时，得到最终优先级。最终优先级越高，意味着工作要越早完成。一些系统甚至还引进了"老化因素"，也就是说某项工作作为积压工作量的时间越长（以周计算），其最终优先级就会按预设的规则增长特定点数。这有助于防止有些工单被"埋藏"在积压工作中，永远得不到执行。

现在再来看确定维修优先级的几种因素，维修计划员基于工单状态开始列表。所有正在进行的工作应该优先安排，以便消除积压工作量中已经部分完成的工作。该状态的作业将按优先级排序。下一个需要考虑的是先前已排程但尚未启动的工单。这些工单也将按各自优先级排序。接下来便是待排程的工单，它们也将按优先级排序。

然后维修计划员将逐一从可用人力资源中扣除完成每个工单所需的工时。当可用人力资源扣除殆尽时，下周的工作安排也就初步完成。列表6-4上的剩余工单将成为积压工作量待日后排程。

表6-4 工单列表

工单编码	状　态	优　先　级	所需日期
101	进行中	10	
102	进行中	9	10/03/21
103	进行中	9	10/03/30
104	已排程	10	
105	已排程	8	
106	已排程	5	
107	待排程	9	
108	待排程	6	
109	待排程	3	

接下来，维修计划员将在管理层会议上提交下周的工作安排计划。维修经理、生产经理以及工程经理可以要求更改。维修计划员将根据他们的意见做必要的更改，可能是推迟一些工单，以便于某些其他工单的执行。一旦各方就工作计划与排程达成协议，维修计划员将制订最终版本并分发给有关各方，通常是在上一周的周五。通过这种方式，企业将确保在下周开始前，相关各方能够就下周工作计划达成一致意见。

6.5　小结

维修工作排程的要点如下：

1）准确的估计。

2）完善的工单系统，包括作业指导、人员要求与所需数据。

3）准确的可用人力资源预估。

4）准确的库存信息。

5）准确的外委供应商信息。

　　有关部门之间的合作将确保这些目标不仅是愿望，而且能够实现。按照本书提供的指导，成功的维修工作排程应该并非难事。以下进一步叙述了维修计划员实现成功排程应该满足的要求和目标。

1）经过计划和排程的工作应占维修工作总量的80%～90%。

2）应由富有经验的技术人员做计划与排程。

3）应基于当前的积压工作，按周排程，进而详细到每天的工作安排。

4）排程必须足够灵活，以适应紧急工单的处理。

5）当其他条件尚不具备时（如资源的可用性），不应对工作进行排程。

预防性维护

如果你让一个房间里所有的人写下他们对于"预防性维护"的定义,那么有20个人你就会得到20个不同的答案。因为这个术语有不同的定义。鉴于本书的目的,将"预防性维护"定义为:旨在延长设备寿命并避免任何计划外维修活动的所有计划性维护活动。其最简单的形式可以类比于汽车的保养计划。某些任务必须以不同的时间间隔进行,而所有这些任务都旨在防止汽车遭受任何意外故障。设备的预防性维护本质上与此并没有什么不同。

7.1 预防性维护的重要性

预防性维护计划的必要性如下:

1）自动化程度的增加。

2）准时制（JIT）。

3）精益制造。

4）由非计划停机导致的业务损失。

5）设备冗余度的降低。

6）安全储备的降低。

7）工艺流程步骤间的相互依赖。

8）设备生命周期延长。

9）能耗最小化。

10）产品质量要求提升。

11）需要更有计划性、组织性的工作环境。

工业自动化程度的增加需要预防性维护。设备的自动化程度越高,可能会失效并导致整个设备停机的组件就越多。日常维护可以使自动化设备保持在应有的状态,以便为生产提供不间断的服务。

JIT 是当今美国企业的一个普遍战略,要求原材料及在制品在生产工艺流程的每个步骤开始前及时到达,时机精准。JIT 有助于消除不必要的储备。然而,JIT 同时也对设备的可用性提出了很高的要求。当生产需求出现时,设备必须处于就绪状态，并保证在生产期间不能发生故障。许多公司已经从 JIT 发展为"精益"理念，这仍然对设备的可用性有很高的要求。

由于准时制和精益制造都要求减少或消除传统上存在的高缓冲储备成本，因此进行预防性维护，以防止设备的故障停机就显得非常必要。如果设备在运行中出现故障，那么产品的生产及交付就会发生延迟。在当今竞争激烈的市场情况下，交货延迟可能导致客户流失。因此企业需要进行预防性维护，以确保设备的可靠性能够支持特定的生产计划，从而切实保障客户对交货周期的要求。

在许多情况下，当设备的可靠性不足以支撑所需的产能时，企业往往购买相同的设备作为备用。这样如果在关键订单的生产中某一台设备因故障停机，企业能够起动它的备用设备使生产得以继续。然而，由于需要采购新设备，这种策略可能是一个过于昂贵的解决方案。企业通过良好的预防性维护计划，即便不能完全消除，至少可以有效减少意外的设备故障。当设备可用性达到最高水平时，企业就不再需要冗余设备。

减少安全库存对维修和运行都会有影响。从维护维修的角度，应对设备故障要求一定水平的备件库存。同理，从生产的角度看，也需要一定的过程储备。良好的预防性维护计划使维修部能够了解设备的状况并预防设备故障。而减少安全库存（在某些情况下，彻底消除）带来的成本节约往往可以为整个预防性维护提供资金支持。

在制造业和流程性生产企业中，每个生产流程都取决于先前的工艺。在许多制造企业中，这些流程被拆分为单元。每个单元被视为单独的流程或操作。此外，每个单元依赖于先前的单元输入所需的材料。对于单个单元来说，97% 的运行时间可能是可接受的。但是如果 10 个单元（每个单元都具有 97% 的运行时间）被连接在一起形成制造过程，则该过程的整体运行时间仅为 71%。如下所示：

$$0.97 \times 0.97 = 0.9409$$

$$0.9409 \times 0.97 = 0.9127$$

$$0.9127 \times 0.97 = 0.8853$$

依次递推，如图 7-1 所示。

而这个水平在任何生产流程中都是不可接受的。因此需要采用预防性维护，以将总体运行时间提高到更高的水平。在适当的时候对设备进行正确的维护可延长设备的使用寿命。以前面所举汽车的例子来说，以规定的间隔对汽车进行保养将延长其使用寿命。然而，如果对其置之不理，例如，从不换机油，汽车的使用寿命将大大缩短。由于工业设备往往较新型的计算机化汽车更为复杂，因此其保养要求可能更为广泛和重要。预防性维护能够满足这些要求，减少维修部的紧急或故障维修的工作量。

预防性维护能够将设备的能耗降至最低水平。良好维护的设备其运行所需的能耗相对较少，因为所有轴承、机械驱动和轴对中都能得到及时关注。通过减少这些

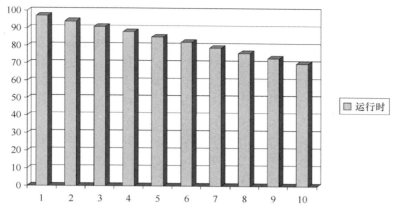

图 7-1 工艺流程单元运行时间与总体运行时间

方面的能耗，工厂的总能耗可以下降 5%～11%。

产品质量的提升是另一种成本降低，也从另一个角度证明了良好的预防性维护的必要性。更高的产品质量是良好的预防性维护的直接结果。可靠性低的设备从来生产不出优质的产品。世界级制造专家认识到，严格的、经过良好规划的预防性维护能够带来高质量的产品。为了实现在当今全球市场上竞争所需的产品质量，企业需要做好预防性维护。

如果生产部或运营部按照大多数维修组织的方式组织和运行，那么永远都不会在需要的时候得到任何产品或服务。企业需要改变态度，以便赋予维修活动所需的优先级。这种变化也包括管理层的观点。美国管理层往往会为了短期回报而牺牲长期规划。这种态度造成了维修维护方面的问题，导致缺少控制的事后被动维修的模式。而当维护得到应有的重视时，它可以成为利润中心，为公司带来利润的提升。

没有企业管理层的大力支持，预防性维护将不可能获得真正成功。是否对某些设备进行停机维护而非让它们持续运行，这样的决定很多时候取决于企业管理层。没有管理层正确的关注和决心，预防性维护将永远不会得到严格的执行。因此，管理层的支持是任何预防性维护的基石。

7.2 预防性维护的类型

以下列出了预防性维护的不同类型：基础预防性维护：巡检、润滑及紧固；主动更换；定期翻新；预测性维护；视情维护；可靠性工程。

良好的预防性维护通常会包括所有这些类型，其侧重点会因行业和企业而不同。该列表还提供了实施全面预防性维护的逐步渐进的方法。

1. 基础预防性维护

基础预防性维护（包括润滑、紧固、清洁及点巡检），是实施预防性维护的第一步。这些任务旨在提前处理那些可能导致设备停机的小问题。点巡检可能发现设备的一些退化现象，这些问题可以通过工单系统经正常的计划与排程流程得以解决。在实施了这类预防性维护的企业中存在一个问题：他们会停滞在这个阶段，认为这就是预防性维护了。然而，这只是开端，企业能够做得可以更多。

2. 主动更换

主动更换旨在故障发生前更换劣化或有缺陷的零部件。这种维护消除了由停机故障引发的高成本。这些缺陷部件通常在点巡检或例行保养期间发现。但需要注意的是：更换应仅用于有导致故障停机风险的部件。对仅怀疑存在缺陷但不能明确存在故障停机风险的部件进行过度更换，会增加预防性维护的成本。只有被识别为有缺陷或"即将失效"的部件才应该更换。

3. 定期翻新

定期翻新通常应用于公用事业领域、连续流程型工业或循环设施（如大学或学校系统）中。停机期间，所有已知或可疑的缺陷部件都得以更换。翻新后，设备或设施应当能够相对无故障地操作直到下一次停机翻新。这些项目通常使用项目管理软件做计划，使得企业能够有一个完整的项目时间表，所有的资源需求也都可以提前明确。

4. 预测性维护

预测性维护是相较于本节第一部分所描述的预防性维护的一种更高级的检查。采用现代技术，在巡检过程中可以对特定设备/部件做详细的状态检查。这些技术包括：振动分析；油的光谱分析；红外扫描；冲击脉冲法。

预防性维护和预测性维护的主要区别在于，预防性维护更多的是一项基本任务，而预测性维护是采用某种特定的检测技术。

5. 视情维护

视情维护是指通过状态监测，在预测性维护的基础上更进一步的维护措施。通过安装在设备上的传感器，提供接入计算机系统的信号输入，无论是过程控制系统还是楼宇自动化系统。然后，计算机系统将基于对输入信号的监测及趋势图，在需要时对设备进行维护。这消除了由技术人员人工输入信息的人为错误。趋势的监测有利于对所需的维修工作的排程，使其对生产的影响最小化。

6. 可靠性工程

可靠性工程是预防性维护的最后一步，涉及工程改造。如果在采用了上述技术和活动之后设备故障仍然存在，则工程部应开始针对总体维护计划进行研究，以发现是否忽略了某些因素。如果没有，则应进行设计优化研究，考察对设备进行改造，以纠正所存在问题的可能性。将所有上述技术纳入综合预防性维护方案，将使企业能够优化专门用于预防性维护的资源。而忽略上述任何方面可能导致预防性维护计划缺乏成本效益。

7.3　预防性维护的收益

预防性维护最显著的优点是消除了生产或运营期间发生故障停机的相关成本。设备维修成本很容易计算：

（维修工人数 × 维修小时数 × 人工费率）＋物料成本

然而，这个成本只是冰山的一角。设备故障或意外停机的总成本如下：

1）生产时间损失。

① 汇报故障的时间。

② 维修人员到场时间。

③ 实际维修时间。

④ 设备重新起动时间。

2）维修成本。

① 到达故障设备时间。

② 设备维修时间。

③ 返回派遣集合地点时间。

3）维修或更换部件成本。

4）销售损失。

5）报废成本。

6）如果是公共事业企业，则包括所服务的企业及居民的损失。

以上所列的大部分成本是不言自明的，但是总成本可能仍然难以计算。最大的无形成本之一是因交货延迟或交货质量不满足客户要求而付出的代价。失去业务或导致客户满意度降低，可能对未来的业务产生巨大的负面影响。发布的报告表明，由于产品质量而失去的客户平均每年可以高达销售额的 10%。再结合制造预算中平均高达 30% 的部分是归因于产品质量和返工问题时，强调预防性维护对质量的重要性就显得非常自然了。

要为实施预防性维护计划找到财务方面的理由并不困难，其成本情况如下：

1）最初的成本增加。

① 维护人力成本。

② 部件更换成本。

2）最终的成本节约。

① 报废与质量相关成本。

② 停机成本。

③ 销售损失。

7.4 设备故障类型

什么类型的设备故障采用预防性维护最为有效呢？至少存在四种不同类型的设备失效：早期失效、随机故障、滥用与正常磨损。

1. 早期失效

早期失效通常是指零部件投入使用的初期（例如，最初几小时内）发生的故障。这种故障在电子元器件行业较为常见。在这种情况下，由于部件未达到标准，故障通常发生在电路刚刚接通的一段时间。针对这种类型的失效，企业不可能设计相应的预防性维护来有效防止。

2. 随机故障

随机故障通常在没有预警的情况下发生。这种类型的故障，难以预测，往往是与工程或材料本身相关的。由于它们的不可预测性，无法制订有效的预防性维护计划来阻止它们的发生。

3. 滥用引发的故障

滥用或使用不当通常源于缺乏培训或不当的工作态度。预防性维护无法防止这种类型的故障。

4. 正常磨损

正常磨损这类故障是可以通过预防性维护有效解决的。这些故障通常在较长的一段时间内渐进发生。预防性维护可以帮助发现磨损的迹象，并采取适当措施予以纠正。在以下两种情况下可以允许正常磨损的自然发展：①没有实质后果；②在正常磨损导致故障之前更换部件。

7.5 制订预防性维护计划

企业一旦决定实施预防性维护并获得管理层的强力支持，则应遵循以下步骤开展此项工作：

1）确定关键设备单元或系统。

2）识别设备单元或系统的部件构成：传动带、链条、齿轮传动、电气系统、电子系统和流体动力系统等。

3）针对每一种类型的部件，确定预防性维护步骤。

4）针对每一步预防性维护，制订详细的作业指导。

5）确定每一项预防性维护任务的频率。

1. 确定关键设备单元与系统

制订预防性维护计划的第一步，是确定包含在该计划中的关键设备单元与系统。维修经理深知，将工厂或设施中的每台设备都涵盖在预防性维护计划中，并不是成本有效的决定。有一些部件并不是关键生产流程的一部分，让它们运行至失效比做预防性维护更加合算。关键设备单元与系统则应加以识别和编目，以便包含在预防性维护计划中。

2. 识别构成部件

在识别了关键设备单元之后，需要将其分解到部件级。这使得制定标准的预防性维护程序更为容易。例如，大多数 V 带驱动可以采用相同的维护程序，只需要对标准模板做一些小的变更，便可以为每一个 V 带驱动制订预防性维护计划。在为每种类型的部件制订预防性维护程序时，可以参考几个信息来源。以下列出了其中的一些内容：

1）制造商：提供维护、润滑及大修等相关信息与建议。

2）工单历史回顾：能够提供关于故障停机频率及维修历史等信息。

3）深度咨询：操作工、生产主管、工艺技术人员能够提供关于设备较深入的信息。

如果数据质量有保证，历史记录可以提供最准确的信息，因为它直接来自特定的工厂环境。如果使用制造商提供的信息，则需要注意：制造商所建议的维护任务和频率往往导致过维护。大多数制造商都希望他们的设备得到尽可能多的维护。然而，过度维护增加了预防性维护的成本，使其在某些情况下太过高昂。制造商的信息可以提供好的指导性建议，但不应该生搬硬套。

3. 制订详细的规程与作业计划

在明确了需要执行的任务之后，下一步便是制订关于如何执行每个任务的详细规程。这些规程应包括以下信息：所需工艺/专业人员；所需工时；所需物料清单；详细的作业指导，包括安全指导；任何停产或停机要求。

所有这些信息应该详细。例如，当估计执行某预防性维护任务所需时间时，应考虑以下列出的所有因素：准备时间：锁定/挂牌；往返时间：往返维护地点；限制因素：有限作业空间、防火等；实际任务执行时间；清洁时间。

4. 确定任务频率

预防性维护作业计划中的信息越详细，其时间规划就越容易。预防性维护任务的排程通常会集成到总体维修维护排程中统一考虑，除非有特定人员专职执行预防性维护。但不管怎样，更准确的时间估计和物料要求使得排程更加精确，从而促进预防性维护计划的成功实施。而不准确的估计可能导致排程失当，首先会导致预防性维护任务被错过或其频率被迫改变，最终将导致额外的故障或停机。而这样的预防性维护将失去管理层的支持，也就注定了最终的失败。

7.6 预防性维护任务的类型

在制订预防性维护计划时，企业需要针对所执行的预防性维护任务的类型做出最终决策。以下列出了预防性维护任务的类型示例：

1）强制性/非强制性：法规要求/非法规要求。

2）递推式/非递推式：固定日期/基于上次完成日期。

3）点巡检/具体任务导向：一般点巡检/更换零部件。

1. 强制或非强制性

强制性预防性维护任务必须在到期时间内执行。他们可能涉及 OSHA、安全、EPA 和许可证检查等。非强制性预防性维护任务通常可以在短时间内推迟或甚至在当前周期中取消，并且不会导致立即故障或性能损失。每项预防性维护任务应就该种分类进行指定。

2. 递推或非递推式

递推式预防性维护工单在预设的执行日期生成。当已经有工单到期并且下一个周期即将到来时，应取消前一个预防性维护工单，并在设备历史中记录该次任务被跳过。新工单的到期日（计划完成日期）应与取消的工单保持一致，这样就可以表明该项任务是否过期了。

然而，一些企业选择采用浮动式或非递推式预防性维护工单。在上述相同的情况下，并不会记录某次任务被跳过。先前未完成的工单被弃置，新工单（没有任何来自之前工单的结转信息）将被生成并加入到日程表中。

这种方法将导致预防性维护任务的状态无法得到完整记录。系统只会显示目前的最新情况，而不会显示尚未完成或延迟的预防性维护任务，而设备故障会增加。这种情况下，预防性维护计划对设备运行的影响无法体现，因而会被视为无价值，并失去管理层的信心。最终，预防性维护很可能被缩减甚至取消。为了防止这种情况，企业必须提供某种形式的跟踪机制，以验证预防性维护任务的频率。

3. 一般检查或任务导向

点巡检往往只涉及填写检查结果表，然后生成工单，以解决点巡检时发现的特定问题。以任务为导向的预防性维护通常允许工单执行人员进行较小的修理或调整工作，从而消除了基于检查结果生成某些工单的必要性。出于有效排程的目的，需要为该类任务设置时间限制。一些企业会在计划的任务之外设置为期 1h 的机动时间，如果工作执行需要更长的时间，则执行人员应返回并针对该任务生成相应维修工单以利执行。这种方法可以防止将本应归于维修活动的成本被累计到预防性维护活动上。

4. 预防性维护指标

以下列出了衡量预防性维护计划是否有效（无效）的指标：

1）较低的 MTBF：设备经常发生故障。

2）较高的 MTTR：故障发生时通常都较为严重（因此维修时间长）。

3）维修维护相关的质量问题：较高的报废率与退货率。

4）归咎于不良基础维护的故障的发生：润滑、点巡检和紧固等基础维护的不当操作。

5）与维修维护相关的法规要求：OSHA、EPA、FDA、ISO 9000。

6）设备的总体状况不良：固定资产寿命缩短。

这些指标中的每一个都可以作为启动实施或改进现有预防性维护计划的论据。例如，如果设备利用率低于90%，则说明设备没有得到良好的维护保养。如果目前已经实施了预防性维护计划，那么需要在管理层决定它没有价值并抛弃它之前做出快速调整。当设备发生故障时，操作工的等待时间也就是设备停机时间较长则表明这是一个重大故障。一个好的预防性维护计划应该在重大故障发生之前发现它们的迹象。如果有许多重大故障，则必须在预防性维护失去支持前对其改进，以解决问题。如果故障可以追溯到润滑不良或紧固调整等问题，则再次说明预防性维护计划的无效，应对其进行迅速调整。良好的预防性维护计划应该消除所有与润滑及保养相关的故障。

7.7 小结

预防性维护计划无效或中断的最常见原因如下。所有这些问题已在本章中有所讨论。

1）优先级。

① 缺乏有效计划，只是作为填充空闲时间的零散工作。

② 排程冲突。

③ 无法按照预先计划完成。

2）启动问题：选择了错误的设备。

3）静态计划：没有开展失效分析或在设备生命周期内进行更新调整。

以上"优先级"中列出的事项，与预防性维护在维修部门中没有获得足够优先级有关。当实施预防性维护时，企业所有成员都必须承诺为其成功而付出必要的努力。在"启动问题"一栏中列出的事项表明预防性维护启动不当。一旦发现这些领域存在的问题，就应立即更正，以便维持管理层必要的支持，确保预防性维护计划的成功。

以上"静态计划"中列出的事项，表示需要保持预防性维护计划的灵活性，在设备的生命周期内基于实际情况的变化而对预防性维护进行调整更新。随着设备的老化，其维护要求也不同。为了做到成本有效，预防性维护计划必须适应这些变化，并有所体现。如果不能基于实际情况对预防性维护计划调整和更新，则很有可能在最初成功运行几年后，预防性维护成本持续增加。人们也会渐渐注意到由于过度维护或缺乏维护而引发的故障，这时管理层对于预防性维护的态度也会有所转变。因此，如果要确保预防性维护计划的可持续性，就必须对所有预防性维护进行密切监测。

在所有最佳实践企业中，预防性维护都是维护维修成功的基石。如果预防性维护能够得到足够的投入，那么许多其他方面的改进就能以最小的成本和付出得以实现。

维修库存与采购

与任何其他支持性职能相比,库存和采购对维修维护效率具有更大的影响。库存和采购如何影响维修维护呢?下文列出了不良库存管理对维修维护效率的影响。

1)等待物料。

2)获取物料的行程时间。

3)运输物料所需时间。

4)识别物料所需时间。

5)寻找替代物料所需时间。

6)找到物料在仓库存放地点所需时间。

7)处理采购订单所需时间。

8)因以下原因损失的时间:

① 由于物料原因造成其他工种的延误。

② 计划并送交了错误的物料。

③ 采购了错误的物料。

④ 所需物料缺货。

第6章指出应对维修维护工作进行计划。而维修工作计划的一部分便是详细说明执行工作所需的物料,以确保其在工作执行时的可用性。以下列出了包括因寻找或运输备件而导致的常见延误。经过适当的计划,这些延误将能够被消除。

8.1 库存计划信息

为了有效地进行工作计划,维修部门需要从库存和采购部获取哪些信息呢?以下列出了对这些信息的最低要求:

1)实时备件信息。

2)纸质版库存清单目录。

3)备件安装清单(某一型号备件安装在什么设备上)。

4)备件使用信息:按成本中心、部门和设备等分类。

5)准确的当前库存量。

6）预计交货日期。

1. 实时备件信息

在线或实时备件信息是计划维护维修活动必要的前提条件。当选择某项作业所需备件时，计划员必须知道该类备件是否有库存或缺货，还是正在运输途中等。计划员需要当前的实时信息。如果工作计划是基于数天、数周或数月前的信息，那么工艺技术人员在需要备件时则很可能会遇到上文中列出的延误情况。如果计划员能够获取实时信息，那么他们将知道可以采取什么对策。计划员所需的备件信息至少应包括：备件型号；备件描述；库存量；备件存放位置；用于其他工作的预订数量；当前采购数量；可替代备件型号。

虽然计划员也可能需要其他信息，以上所列信息已经可以覆盖大多数工作。然而，如果这些信息不准确或不可靠，计划员将不得不在每次计划工作时实地检查仓库。这种耗时的活动将延长计划工作所需的时间，而最终计划员将因此无法完成所有的计划工作。

2. 纸质版库存清单目录

即使具备计算机化的库存管理系统，企业也必须提供用于支持维护维修的所有备件及物流的纸质版库存清单目录。当仓库在平日第2或第3班次以及周末无人值班时，这点便显得尤为重要。该目录允许所有维修人员获取库存信息，特别是在线备件项目。这些信息并不用于计划，因为其所提供的库存或订单信息可能已经过时。但是，在线备件目录使得维修人员可以了解某项备件是否为库存品。在需要使用某类备件时，这个信息可以加快该备件的获取。这可以防止维修人员在仓库查找非库存备件而导致的时间损失。这种情况在实际中经常发生，特别是在故障维修或紧急维修期间。在使用方便的地点提供维修仓库库存目录有助于减少代价高昂的、紧急订购备件的时间延误。

3. 物料清单（BOM）

设备物料清单（Bill Of Materials，BOM）基于设备提供备件的相关信息。这个清单的重要性体现在几个方面。首先，它使得计划员能够在计划过程中快速获取备件信息。他们自然知道工作的执行对象是哪台设备，而基于这个物料清单，他们就可以快速查找备件信息。没有找到清单上的所列备件则说明可能需要将它添加到备件列表，并要求仓库为其备库。其次，这个物料清单在故障或紧急情况下非常重要。当需要备件时，它可以帮助节省查找备件的时间。

4. 准确的库存量信息

计划员必须能够获取准确的备件库存量信息。如果库存系统显示当前库存中有足够的备件或物料，以支持某项工作的执行，则计划员便可以指示工艺技术人员前往仓库获取相关备件。而当技术人员发现库存中并没有这些备件或数量并不充足时，库存系统将失去可信度。这必将降低库存系统对维护维修工作的支持。如果计划员或技术人员在每次计划或申请使用备件时都必须亲自去仓库落实，那么维修部门的工作效率将遭受巨大损失。

5. 预计交货日期

预计交货日期也非常重要。任何库存管理都无法保证总是可以满足所有的备件需求。了解备件的预计交付日期使得计划员可以基于该日期进行工作排程。因此，供应商的交付时效性必须可靠。如果某项作业被安排在某一周，但备件却未能按照承诺交付，也必然会导致维护维修效率的损失。

6. 库存管理系统的要求

下文列出了针对提高库存管理系统质量的其他要求，以便支持维修部门工作效率的提升。

维修维护库存管理系统的要求如下：

1）跟踪所有物料项目的当前余量，包括出库、预留与返还。

2）维护设备物料清单。

3）跟踪维修维护用物料成本及移动记录。

4）可替换件之间的关联关系。

5）允许为某项作业预留所需备件。

6）当针对某项作业的备件到货时，通知申请人。

7）允许生成工单，以执行对特定备件的维修或再造。

8）能够生成再订购申请，并跟踪整个进程。

9）能够跟踪采购申请、采购订单及特殊订单的处理流程。

10）能够生成库存管理绩效报告，包括如库存准确性、周转率及缺货率等指标。

在许多企业，跟踪可修复性备件的移动是重要的。以上要求的第3）项表明应该可以通过库存信息系统实现该功能。该信息既用于会计目的，又将用于修复和替换决策很重要的维修历史信息。通过库存管理跟踪其移动历史是获取和维护该信息最简便的方法。此外，仓库管理人员将通过库存管理系统维护库存备件的信息。这样做使得备件管控更为容易，但要保证维修人员在必要时可以获取相关库存信息。

7. 备件到货通知

以上要求的第6）项对计划员来说也很重要。在很多情况下，计划员为某项作业订购备件，直到备件到货，该作业都处于等待状态。因为他们每天可能需要计划20个乃至更多的工单，这就意味着几个星期后，可能有几十个工单都处于等待备件的状态。因此备件到货通知以及和具体工单的关联信息就非常重要。这个看似微小的细节可以真正地提升计划员的工作效率。

8. 绩效监测

以上要求的第10）项也同样重要。与企业的任何其他职能一样，也应该对仓库管理和采购的绩效进行监控。本项中提到的指标可用于跟踪监控绩效水平。仓库和采购的绩效不佳将对维修部门产生巨大影响。维修经理应收到库存和采购报告的副本，这样他就可以参考该信息与维修维护绩效进行比对。并对这两个职能间存在的冲突与问题进行讨论和纠正。

8.2　维修仓库的组织与管理

维修仓库的位置对于维修人员的工作效率至关重要。

仓库类型选项：以下列出了两种维修仓库的类型选项：

1）集中式仓库管理。

① 减少了库存记录工作。

② 降低了库存管理人力成本。

③ 增加了维修人员获取备件的行程时间。

2）区域性或分散式仓库管理。

① 减少了维修人员获取备件的行程时间。

② 提升了工作效率。

③ 增加了库存记录工作。

④ 增加了库存管理人力成本。

⑤ 增加了库存水平。

跟踪资产

生产库存系统中的退货表明由于某种原因已将多少物料发回供应商。而在维修维护库存系统中，"退货"则显示已被计划并发放给特定工单的备件有多少，但在实际执行时没有被使用，因而返还到仓库。此指标成为计划员绩效表现的一个度量指标。如果计划员总是为每项工作计划过多备件，那么库存水平将会高于实际需要。而库存水平关系到企业备件的资本投入，而这部分资金本可以投入到其他的业务发展中，即库存资本的机会成本。

这些选项与维修部门组织结构的不同选项类似。事实上，大多数具有区域性维修组织的企业，都会有设立区域性维修备件库。通过最小化获取备件的行程时间提高维修效率。然而，企业并不需要在每个维修区域都设立维修备件库，而是可以使其位于几个维修区域之间，并使维修人员仍然可以在可接受的行程时间内获取备件。集中式管理仓库则有利于集中式架构的维修部门。在这种情况下，应确保维修技术人员获取备件时没有不必要的延误。如果采用集中式仓库，则应当正确地配置工作人员，以避免在备件领取时造成不必要的延误。

8.3　维修维护备件的类别

在维修维护中会用到许多不同类型的备件，需要通过库存管理功能对其进行跟踪。一些最常见的类别如下：低值易耗件——自由发放；低值易耗件——控制发放；关键或保险备件；可修复的备件；消耗品；工具；残留物料；报废或无用备件。

对备件进行分类，将有助于维修经理确保基于重要性，对备件进行正确的管控。

1. 低值易耗件

低值易耗件是指那些单个价值很低，而用量非常大的备件，如小螺栓、螺母、垫圈和开口销等。这些备件通常存放在开放的领用区域。与其他备件不同，它们的使用不需关联到某个具体工单。

维护自由发放的低值易耗件的最佳方法是采用双料箱法。平常这些物料保存在开放的转盘箱中，维修人员可以在需要时随时获取。当物料使用殆尽时，仓库管理员将新的物料盒放在转盘箱中，并再订购两盒该物料。当料箱再次被清空时，新的物料到货，并一直如此循环下去。

而控制发放的低值易耗件与自由发放的物料相似，只是需要通过库管员领取。库管员将仓库中的该类物料发放给需要的维修人员，但领取时仍然不需要提供工单编号，也就是说这类物料也不需要与具体工单关联。其库存水平应该采用类似于自由领取物料的双料箱法进行管理。

2. 关键或保险备件

关键或保险备件是指那些用量可能并不大，但是由于交货周期较长而必须进行备库，以确保可用性的一类备件。库存决策中的一个重要问题是因该部件没有库存，而导致的生产损失或停机损失成本。如果这个成本较高，则备库比承担故障风险更为明智。因为这些备件的单位成本通常较高，存放期间需要得到适当的维护。这通常意味着一个保温、干燥、防风雨的储存区域。如果备件在仓库中存放六个月、一年或更长时间，则良好的储存条件将防止其性能劣化。

3. 可修复/重构备件

可修复/重构备件包括泵、电动机、齿轮箱和其他维修成本（材料和人工）小于再造成本的备件项目。基于企业规模，这类备件可以由维修技术人员或部门、车间进行修理，或者送到专业维修店维修。这些备件通常价值较高，必须存放在良好的环境条件下。类似于关键备件，它们的使用需要密切跟踪。该类备件的丢失可能会造成较大的财务损失。

4. 消耗品

消耗品是从仓库统一领取并在一段时间后用完或丢弃的物料。这类物料包括手电筒电池、肥皂、润滑油和润滑脂等。它们的使用会被跟踪并关联到具体的工单或相应的会计代码。通过研究历史消耗记录可以帮助确定该类物料适当的库存水平。如果实践证明库存水平存在问题，可以定期进行调整。

5. 工具

在一些企业中，工具设备被存放在仓库或专用工具箱中，并像其他库存备件那样管理和发放。作业完成时维修人员会返还工具。工具跟踪系统追踪工具的具体位置，谁在使用，用于哪项工作以及工具的返回日期。这类系统仅用于跟踪价值较高的工具，或者当整个企业只有相对少量的工具设备可用时。该系统不应用于跟踪普通手持工具。

6. 残留物料

当维修工作涉及建筑工程或外委承包商在工厂施工建筑工程时，多出的物料通常被遗留在现场。因为没有别的地方存放，这些物料最终可能会被存放至维修仓库。这些残留物料可能会带来一些问题。如果它们在短期内（1~6个月）不再会被使用，则应将其退还给供应商并获得退款。如果需要使用，或是关键备件，则应为它们分配库存编码并正确储存。对此需要注意的是：仅仅为储存而储存的成本是高昂的。这样一来仓库很容易成为垃圾场，给企业带来不必要的开销，而大多数员工却意识不到。将在本章后面的部分讨论这些成本。

7. 报废或无用的备品备件

经过一段时间，所有的仓库都会积累报废的和其他无用的备件。每年应对库存物资进行至少一次的回顾与检查。如果有废品，则应处理掉。一种方法是由主管、计划员和工艺技术人员对仓库进行检查，对备品备件进行筛选。然后将初步认定无用的备品备件堆放在仓库库房外，并标记"如果你认为需要保留某物品，请在其上放置保留标签"。两个星期后，即可把剩下的物品都处理掉。

8. 备品备件等级分类

企业的管理层都应意识到，保有备品备件的成本是高昂的。据此，另一种对备品备件的分类方法是基于库存成本的A-B-C分析法。备品备件的A-B-C分析体系如下：

1）A类备件。

① 库存量的20%。

② 库存成本的80%。

2）B类备件。

① 库存量的30%。

② 库存成本的15%。

3）C类备件。

① 库存量的50%。

② 库存成本的5%。

A类备件是单位价值高的保险类备件，必须进行备库。这些备件应有严格的库存政策，规定其使用和转移。因为A类备件通常相对较少，对它们进行管控并不困难。B类备件就数量来说比A类备件多，但价值相对低。这类备件也应该以严格的追踪方法进行控制。从数量上来说A类和B类备件约占总库存项目的50%，但就成本来说则约占95%。C类备品备件通常是低值易耗的自由发放类物料。它们占物料总数的 50%，但却只占库存总成本的 5% 左右。试图控制与 A 类和 B 类备件数量相同的 C 类备件是浪费时间和精力的做法。其经济收益难以抵消相关分析和处置的人工成本。

另一个关于维修备品备件库的说明：一些企业的理念是所有维修仓库都应采用开放式管理，这是不正确的。企业必须确保准确和及时更新的库存信息，并对某些维修备品备件的转移进行管控。而在开放式仓库的环境下，没有对从仓库领用备件人员的监控，也就没有了任何管控。备品备件的使用没有任何记录也无法追踪。它们在仓库内可能会被随意移动，因而没人知道它们的确切存放位置。这种库存管理体系的成本是极高的，并使得维修部门无法有效地使用物料。而至少对于 A 类和 B 类备件采用封闭式管理是成功改进维修库存管理的关键。

9. 库存成本

维修库存的成本已经讨论过了。以下列出了一些额外的成本，即库存的隐性成本：

1）备品备件占用的资金成本：15%。

2）仓库运营管理成本、物业税、能耗、保险与维护费：5%。

3）库房占用、租金与折旧：8%。

4）库存价值缩水、过期、损坏、偷窃与污染：5% ~ 10%。

5）与库存相关税费：1% ~ 2%。

6）搬运人力成本：5% ~ 10%。

7）因备库而发生的实际年度库存成本：备品备件价值的 30% ~ 40%。

对某一项物料进行备库而产生的年度库存总成本可能高达物料价值的 30% ~ 40%。这意味着一家库存价值 1000 万美元的企业，每年需花费 300 万 ~ 400 万美元来维持库存，这个数额是惊人的。以上总结了企业的库存水平不应超过实际需求水平的关键原因。任何不必要的库存都是对企业利润的直接抵扣。库存控制非常重要，企业不应为了优化维修维护而忽视库存管理的重要性。

10. 库存成本节约

库存成本如此之高，企业可以采取哪些措施来降低或控制这些成本呢？以下着重指出了许多企业已经实现库存成本节约的几个领域。

1）设备标准化。

2）供应商标准化。

3）库存托管。

4）将库房安排在关键区域。

5）指定维修维护用品与供应商。

6）减少或消除过期备品备件。

7）减少库存损坏。

8）减少备品备件的丢失。

设备与供应商的标准化已被证明是企业成本节约的重要来源，如标准化设备可以帮助企业减少库存。假设一个工厂配有 15 台印刷机，每台都由不同的制造商生产。这意味着这些印刷机的零部件无法互换，即便可以，也只是极少数。企业则需要配备 15 套备件，每台印刷机各一套。可以想象这种情况下的库存成本会非常高昂。然而，如果这 15 台印刷机来自同一制造商，则许多零部件将是可互换的。这种情况下，企业仅需配备 5 套备件即可，因为在同一时间超过 5 台印刷机都需要更换相同零部件的概率是非常小的。思考一下减少的 10 套备件能够带来的库存成本节约，然后再乘以企业中不同类型设备的数量。可以想象这样的成本节约会非常显著。

同时，研究表明，通过整合供应商，企业也可以显著降低库存成本。这是可以从最佳实践企业学习的一个领域。他们保持较少数量的供应商，并因此得到更好的价格和服务。供应商也获得更多的业务。这些关系的简化有利于所有相关方。然而，在许多行业中这样的成本节约还并未被涉足。而减少过时、损坏或丢失的备品备件，则可以通过更好的库存管控和封闭式库房实现。

对这些观点的强调无论怎样也不为过。企业可以从良好的库存控制中节省大量成本。同时，这些管控有助于改善库存和采购职能提供给维修维护职能的服务。

11. 维修管控

不幸的是，有许多企业的维修部门和库存管理、采购部门没有密切合作。最近的一项调查显示，只有 50% 被调查的企业允许维修部门对其库存进行一定程度的管控。这个比率是惊人的，因为维修部负责维修维护物料的预算。也就是说，维修部不能对其所负责的业务领域进行管控。以下着重指出了维修部对维修库存应具备的最小管控权。

1）备品备件发放数量。

2）未使用物料的返还政策。

3）已修复备件的存放。

4）再订购点与订购量。

5）针对哪些备件进行备库以及在哪里备库。

如果维修部无法对上述领域进行管控，那么它也不应对成本控制负有责任，因为它无法做到。不幸的是许多企业受到办公室政治的影响，而维修部通常在这样的企业环境中处于弱势。库存和采购部门通常会对高层管理团队有更大的影响，从而降低了维修部门工作的有效性。企业管理的一个重要原则如下：

1）维修职能服务于企业所有者与股东。

2）库存与采购职能为维修职能提供服务。

当维修职能被忽视时，整个企业都会蒙受损失。然而，如果企业能够将重点放在正确的领域，允许维修部门控制自己的资源，那么维修部也可以成为利润中心，提高企业的盈利能力。

管理报表与分析

我们常说：

- 要管理，就必须能够掌控。
- 要掌控，就必须进行度量。
- 要度量，就必须具备信息。
- 而要获取信息，必须收集数据。

数据、信息、事实，无论使用什么词汇，要做出好的决策需要具备一定的知识。

1. CMMS 与 EAM

在维护维修/可靠性领域中，术语 CMMS 和 EAM 可互换使用。作为参考，CMMS 往往是一个部门级的系统，而 EAM 往往更多是一个公司级的系统。在本文中，将统一使用 CMMS，除非因需要而特指 EAM。

CMMS 的目标是生成高质量的数据，以帮助维护维修/可靠性领域的专业人员做出良好的决策。

2. CMMS 模块

当企业开始实施 CMMS 时，也就启动了数据收集。以下是构成 CMMS 综合系统的各模块：设备；库存；采购；人员管理；预防性维护；预测性维护；工单管理；合同与供应商管理；再制造。

在 CMMS 中用于生成报告的数据来自于所有 CMMS 模块中输入的数据。

图 9-1 显示了这些模块之间的基本关系。其中一些模块间的相互关系将在下一节中讨论。

设备：要正确使用此模块，则必须识别需要进行维修和成本追踪的每台设备（或设施位置）。例如，在进行维修还是更换及其他成本决策时，将需要设备历史中的相关财务信息。其他模块提供的数据可以确定财务信息的准确性。

库存：使用此模块则需要对企业的每个仓库所备备件进行识别。需要的数据包括（但不限于）：备件编码；备件描述（简短与详细）；库存数量、预留数量、采购数量、最大/最小库存值等；位置；备件成本信息；历史消耗。

来自库存模块的信息确保 CMMS 将包含准确的每台设备的材料和成本信息。

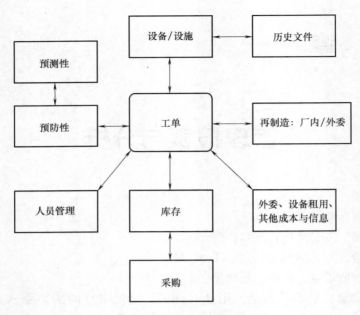

图 9-1　CMMS 基本模块

采购：此模块与库存模块相关联。它为计划员提供了输入订单信息的窗口。此模块包含以下信息：备件编码；备件描述；备件成本信息；到货信息，包括日期；供应商信息；非库存项目的采购功能。

当开始对某项作业进行计划，并且不知道何时才能收到零部件时，该模块的重要性便凸显出来。此外，该模块对于在不知道新的零部件成本的情况下，对作业成本的估计非常重要。

人员管理：该组件允许企业追踪每个员工的特定信息。所需数据一般包括：员工编号；员工姓名与个人信息；薪酬；技能；所受培训；安全历史。

来自人员管理模块的数据，能够确保企业将准确的劳动力成本记入工单和设备历史中。

预防性维护（PM）：该模块使企业能够追踪所有与 PM 相关的成本信息。这些信息来自人员管理和库存模块。储存在该模块中的重要信息包括：

1）预防性维护类型（润滑、校准、测试等）。

2）执行频率。

3）预计人力成本（来自人员管理模块）。

4）预计物料成本（来自库存模块）。

5）详细任务描述。

该数据的收集确保维修人员每次执行 PM 任务时，能够获取准确的任务信息和成本。CMMS 还可以为基于日历时间的 PM 任务进行物料与人力资源需求的预测。

工单管理：通过使用工单管理模块，用户可以启动并追踪不同类型的工单。该模块还使企业能够将成本与维修信息关联到相应的设备或设施位置。工单的应用需要来自 CMMS 所有其他模块的信息。工单所需信息通常包括：

1）识别需要执行工作的相应设备或设施位置。

2）确定劳动力需求（人员管理）。

3）识别物料需求（库存）。

4）工作的优先级。

5）所需完成日期。

6）服务供应商信息。

7）详细作业指导。

为实现有效运作，工单需要来自所有模块的信息。缺乏准确信息，工单将无法收集所需数据，也无法将准确信息关联到设备历史。反过来，如果没有设备历史中的准确数据，维修经理将无法做出及时与有效的决定。基于 CMMS 各模块中的数据导出的所有其他报告也需要准确的信息。

CMMS 的成功取决于数据收集的及时性和准确性以及企业如何使用这些数据。如果信息不准确或使用不当，则 CMMS 将会是一个失败。

3. 报告相关的时间因素

一旦企业购买了 CMMS，在其能够生成准确和翔实的报告之前需要多长时间呢？答案取决于企业在系统中积累准确数据所需的时间。在《工程师文摘》进行的一项调查中，52% 的受访者表示需要 1～11 个月才能使 CMMS 完全投入运行（本调查的详细结果发表在《工程师文摘》1992 年 4 月号的一篇特别刊登中）。可靠性网站（www. reliabilityweb. com）在 2008 年进行了一项更新的调查，40% 的受访者表示花了一年多时间才使其系统完全投入运行（见图 9-2）。

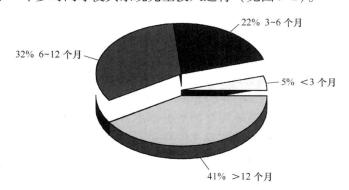

图 9-2 系统正常运行所需时间

在企业实施 CMMS 之前所收集的信息仍具有一定价值，但是直到系统被充分利用之前，数据将不会非常准确。例如，如果只有某些部门的数据上载到了 CMMS

中（典型的试点实施问题），则来自这些部门的数据可能是准确的。然而，当存在交叉重叠或与其他区域或工艺的组合时，数据可能是不完整或扭曲的。

CMMS 应该是一个完善的数据集成系统。然而，即使许多成熟的用户也没能获取完善的 CMMS 数据。在《工程师文摘》的调查中，有 921 名受访者被问及他们系统的库存、采购和人员管理模块的使用情况。大多数受访者表示系统使用率不到 70%。可靠性网站的调查显示了类似的趋势，只有 1/3 的受访者表示有效地使用了他们 CMMS 中的库存和采购功能。

当企业采用集团级系统（如 EAM）时，数据可能无法准确地记录在设备历史记录中。事实上，在大多数情况下，数据不准确或没有得到发布。因此，设备历史是不完整或不准确的。可以试着（参照）以下的例子：当汽车送去修理，4S 店的服务经理将对此次修理的时间和成本进行估计（工单计划）。假设接受预估，修理工作开始进行。维修完成后，将收到一个费用清单，其中包含所使用的每个零部件及其相关成本的完整细目。该清单（工单）还将显示修理工工作的小时数和小时费率。账单所显示总费用等于人力成本和物料成本总和。每次去自然都会期望收到这样的账单明细。如果收到的账单只显示最终价格，而没有明细，肯定无法接受。现在将此概念应用于企业的 EAM。该系统所提供的报告是否也能为企业的设备提供类似准确的成本明细呢？

再来看另外一个例子。在使用 CMMS 时，如果计划员无法从中获取集成的库存信息，那么他们则无法确定库存信息是否准确。如果这些信息每天或每周才更新一次，则情况尤甚。当企业的其他系统与 CMMS 进行数据交互时，这种情况同样会经常出现。基于过时的信息，维修人员可能会去仓库中寻找所需的备件，而事实上，其他维修人员早在前一天或前一班便使用了该备件，这无疑造成了时间的浪费。这种延迟也许看来无关紧要。然而，当停机可能导致 1000 美元/h 甚至 100000 美元/h 的损失时，这样的延迟可能关乎着企业是盈利还是亏损。

现实生活中当考虑换车时，你会只看到目前这辆车保养维护所花费的人力费用吗？或是仅考虑相关的物料费用？当然不会这样。你会通盘考虑——人力成本、物料成本及其目前的状态等。企业的资产管理计划也应采取同样的原则。然而，如果企业的 CMMS 信息流的设置使得物料或人工成本不在工单或设备历史中显示，则企业的决策将是基于不准确或不完整的数据，也自然可能产生错误的决定。这些决策的财务影响可能会给企业带来灾难性的后果。它们可能会使企业陷入无法与其他企业竞争的境地，这些竞争对手能够充分利用 CMMS 并因此获得相应的成本效益。

4. 解决方案

如果企业正以不正确的方式收集数据，那么它需要重新评估系统，明确是否存在数据缺失。此外，它需要确定 CMMS 中的哪些部分没有得以正确使用或根本没有得到应用。

通过评估和改进，以确保准确的数据收集后，CMMS 的应用将有利于提升企业利润。在当今竞争激烈的市场中，不基于已有数据而进行猜测是不可接受的。基于正确决策的成本效益将有助于提升企业的竞争力。而错误的决策可能会使企业失去业务机会，在竞争中失败。

企业应该采用哪些 CMMS 报表呢？一些系统没有自带报表，而其他系统可能集成了数百个自带报表。决定因素是维修维护管理对于报表的需要。如果某报表不支持或无法验证用于维修管理的绩效指标，则使用该报表不会带来收益。报表可能会生成数百页的数据，使得维修经理不堪重负。如果维修维护管理是基于预算与实际情况的对比来衡量，而 CMMS 无法生成预算报表，则该 CMMS 无法应用于该企业。就 CMMS 报表来说，数量不能说明问题，因为过犹不及。

管理需要衡量，衡量需要数据。因此企业必须充分使用其 CMMS 来获取数据。没有数据，一切都只是主观臆断。讨论需要事实数据作为支撑。当情绪和主观意见掺杂进来，而不是基于事实数据时，就会引发争论。员工是在进行基于事实数据的讨论还是基于个人意见和情绪的争论，意味着企业将跻身为世界一流或归于平庸之间的区别。

本书前面的章节说明了在维修组织中从何处收集数据。工单是收集维护维修数据的关键方式。但拥有信息并不是最为重要的。最重要的是信息必须以可用的形式存在。工单信息应被用于生成报表，为管理层提供维护维修管控所需的信息。这些信息应该简明扼要。过于宽泛的信息对于管理人员来说可能太浪费时间。基于这些信息的分析报表和异常报告对维护维修管理至关重要。除了维护维修的需要，还有企业的整体需求。库存、采购、工程和工厂管理都需要维护维修信息。

手动编译报表非常耗时。在任何大规模的企业中，需要计算机化的报表编制。报表可以从简单的数据库或电子表格中输出、排序和编译。使用 CMMS 的企业具有一定优势，因为许多报表功能都已包含在系统中。对于没有包括的报表则可以使用报表编辑器来生成。计算机化报表编制有另一个优点，特别是针对关系数据库，他们可以生成有意义信息的图表。这些图表在描述趋势和模式方面可能比单纯的数据列表更有帮助。它们也可以包括在递交给高层管理人员的报表中。企业应尽可能采取图形化的报表。

9.1 维护维修报表

以下的维护维修报表分为五组。前三组需要由维修人员在每天、每周或每月回顾和审核。第四组报表为一般性信息，而第五组报表视实际需要而生成。

9.2 日常报表

该组报表应每日生成，由相关的维修人员和管理人员审查。

1. 工作摘要报表

工作摘要报表列出了当前正在进行的工单，以及过去一天内关闭的工单。它提供了一个针对当前及前一天工作的快速总览。报表应显示以下类别的计划及与实际情况的对比：

1）维修用人力。

2）维修用物料。

3）设备停机时间。

该报表应分为两部分：已完成的工单和仍在进行的工单。每个部分都应按工作的优先级排序：紧急、已计划和排程、预防性维护和例行工作。这样的工作摘要，使管理人员能够快速回答运营部门在每天的回顾总结会议期间，可能提出的任何问题。

2. 工作进度报表

工作进度报表仅列出当周计划所包括的工单以及每个工单的当前状态。和工作摘要报表一样，它应该显示实际数据和计划数据。不同之处在于，只有包含在当周工作计划中的工单才会列在此报表中。该报表应以摘要的方式，显示计划在本周内关闭的工单数量与已关闭的工单数量，甚至可以包括以百分比方式体现的工作完成进度。该报表使得管理人员很容易地监督计划完成的进度，并在当周内进行必要的调整，以确保计划完成。

3. 紧急工作报表

紧急工作报表列出了前一天的所有紧急或故障工作请求。它应分为两部分：第一部分显示已经使用的人力和物料成本的总和，第二部分则应显示具体信息，例如哪些工艺技术人员参与了哪项工作，使用了哪些备件，以及任何其他细节或工作完成说明。本报表使管理人员能够快速了解前一天的故障和紧急工作。如果某项特定工作需要澄清，则可以参考报告的第二部分获取所需的详细信息。

4. 再订购报表

再订购报表会列出在过去一天内，已达到再订购点的所有库存备件。基于维修和采购的关系，此列表可用于生成采购申请或采购订单。如果维修部门不参与采购，该报告提供的信息仅供维修部门参考。如果企业有多个仓库，则此报表应按仓库划分，允许不同仓库之间的物料转移而不是重新订购。报表应显示每项库存物料的库存数量、预留数量及最小数量。

5. 预测性与视情维护工单报表

预测性与视情维护工单报表列出了前一天所生成的所有基于仪表的、预测性和视情维护工单。基于企业采用的预防性维护系统的复杂性，这些工单可以手动生成，或通过系统的实时交互自动生成。无论哪种情况，这些工单都需要尽快关注（通常应在一周内）。有些工作甚至可能需要打破现行的工作计划，以避免严重的失效。该报表应列出设备、工单类型、工单类别以及人工和物料要求。

6. 人员摘要报表

人员摘要报表列出了在前一天参与工作的所有员工，他们在每个工单上投入的工作时间以及在此期间的任何加班。通过该报表，维修主管可以快速回顾前一天的工作。目的是监督员工的工作，并记录其前一天的工作小时数。

7. 工单列表

工单列表列出了目前尚未完成的工单。它应该以几种不同的方式提供索引，例如按工作请求的发起部门、设备编码、工艺、主管和计划员。每个报表应按照时间顺序从正在进行的工单到刚刚发起请求的工单进行排序，并提供所需的所有相关信息。

9.3 周报表

除了日常报表，企业还需要额外的周报表来确保维护维修的管控。本节将给出一些周报表的示例。

1. 进度监控报表

进度合规报表将上一周的工作结果与其计划进行比较。首先，针对所有完成的工作，其次，是所有尚在进行中的工作，最后，则是尚未开始的工作。这种方式能够用于一周工作的详细分析。报表还应比较计划分配给紧急工作的时间和实际用于紧急工作的时间。这样的比较能够说明为什么工作的实际完成情况与计划存在偏差。该报表还对计划开始的工作与所有完成的工作进行比较。此摘要图可用作效率百分比。在 6～12 个月的时间段内对此百分比进行跟踪，就可以获得计划和排程效率的总览。

2. 预防性维护监控报表

预防性维护合规报表列出了计划在上周完成的预防性维护工单及其当前状态。它可以细分为：

1）已按计划完成的工单。

2）已按计划启动，但未完成的工单。

3）计划完成但尚未启动的工单。

该报表给出了前一周所计划的预防性维护工单状态的快速概览。报表的详细信息部分还可以显示执行工作的人员、使用了哪些备件、工单完成的备注，以及由于该项工作而生成的工单等。

3. 到期/逾期预防性维护（PM）报表

到期/逾期预防性维护报表列出所有逾期的 PM 工单。它应该对这些工单按时间顺序由远及近进行排序。如果可能，该报表应允许用户从指定的时间段开始查看，例如逾期超过 8 周的 PM 工单，并将其余的逾期 PM 排序，直至上周刚刚过期的 PM 工单。这种方式使得管理人员可以首先快速地查看已经严重超期的 PM 工作。如果报表能够列出每个逾期类别中所包含的工单数量和工作量百分比的汇总信息，则更有价值。该报表可以作为 PM 计划执行情况的一个有效指标。

4. 进度预测报表

进度预测报表是在制订下一周工作排程时生成的相关系列报表。当明确了下周的工作计划将包括哪些工单时，这些报表的所需信息将从这些工单的预计信息中提取。

（1）所需人力资源 进度预测报表将显示计划工作的所需工时。报表应首先按工艺列出所需总的工时数的汇总。报表的第二部分应包括对每项工作的详细描述。该报表使得维修主管可以快速掌握所辖部门或团队下周的人员安排。如果排程由维修团队或各部门生成，则报表应以相同的方式列出。

（2）所需停机时间 进度预测报表列出了计划于下周执行的工作所需的全部设备停机时间。它应根据设备、部门、生产线或分厂进行划分。划分方式取决于工厂或设施的布局。该报表非常重要，特别是对于 JIT、物料需求计划（Materials Requirements Planning，MRP）、制造资源计划（Manufacture Resource Planning，MRP Ⅱ）和计算机集成制造（Computer Integrated Manufacturing，CIM）等系统的运作。将该信息输入生产控制系统是集成化维护维修管理的开端。

（3）所需零部件 进度预测报表列出了下周工作所需的所有零部件。应向库存管理人员提供该报表，以协助他们确保备件准备就绪。如果企业采用预先发放，则该报表可用于协助材料的领取及发放至预存区域。

（4）所需外委供应商 进度预测报表列出了计划于下周执行的工作所需的全部外委供应商。它应基于外委供应商，列出他们需要完成的工单。当单个外委供应商需要完成多个工单时，这种方式将有效缩减报表长度。

（5）所需设备 进度预测报表列出了完成下周工作所需的所有需要租用/租赁的设备或内部专业设备。它将帮助计划员或协调员确保在工作开始之前，设备已准备交付或已完成交付。

（6）所需工具 若企业具备用于一般性维护维修工具储存的工具间，则可生成此报表。该报表列出了下一周工作所需的工具及需要使用它们的相应工单。这些信息将协助工具管理人员确保所需工具在交付使用前状况良好并准备就绪。

5. 工单状态报表

工单状态报表列出了所有尚未关闭的工单。它应包括以下列出的几种方式，简要说明如下：

（1）按部门 工单状态报表将分发给各部门主管，以便他们可以查看由本部门所申请的所有工单的当前状态。这样他们就不必不停地向维修部询问相关工作状态了。

（2）按设备 工单状态报表使得相关人员可以快速获取当前针对某设备的所有工单状态。它可以为工作请求的发起人提供快速参考，也使得工作请求的接收方，可以快速查看是否已为该设备提出了类似的工作请求，这将有助于防止重复工单的出现。

（3）按计划员或主管　工单状态报表显示了计划员和主管的工作量。基于此，企业可以在高峰期，通过将工作从一个计划员或主管转移到其他人员来实现工作量的平衡。

6. 逾期工单报表

逾期工单报表按所需完成的日期，列出当前未关闭的所有工单。理想情况是按逾期时间从长至短进行排序。不具备该信息的工单不应包括在内。除了已完成的工单，该报表应包括其他所有状态的工单。例如，如果报表显示某工单由于缺少所需物料而导致工作停滞，计划员则可能通过加速物料采购或以替换物料的方式加快工单的完成。该报表还可以向工程部、库管部门和运营部门提供有效的信息反馈。

7. 按工艺/团队/部门的工作量报表

按工艺/团队/部门的工作量报表追踪每个工艺或团队的工作量。在一些企业中，有些未完成工作也可以按部门进行索引。该报表应采取摘要的方式，首先显示每个工艺组所需的工作总小时数，然后是可用人工时换算成的相应周数。它也可以是一个趋势报表，显示过去一年每个工艺组每周所需的工作量。这样，可以突出季节性趋势和峰值，帮助管理层做出良好、合理的人员配置决策。

9.4　月报表

除了日常和每周的信息，其他信息如果基于月度回顾则更有意义。本节中列出并描述了一些月度报表。

1. 已完成工单报表

已完成工单报表列出了本月完成的所有工单，由两部分构成。其摘要部分显示已关闭的工单总数，以及关于人工时、人工成本、物料成本和外委成本等项目的实际值与计划值。此信息应以多种方式提供：按请求部门、按设备类型和按设备编码等。摘要将有助于发现问题。报表的详细部分是工单列表，按照与摘要部分相同的方式索引。此信息有助于管理人员深入调查偏差。

2. 计划有效性报表

计划有效性报表重点考察工作计划的有效性。它显示每个计划员所处理的所有工单，将实际成本与计划成本进行比较。在一些计算机化系统中，它还能够以百分比的方式，指定能够接受的偏差范围，从而帮助管理层有效聚焦较大的偏差。按计划员生成的报表摘要是有一定价值的，基于计划有效性，列出最为有效至最为无效的计划员。任何重大偏差都应得到细致深入的调查。

3. 监督有效性报表

监督有效性报表与计划有效性报表相似，而侧重于主管工作的有效性。它应显示每个主管所负责的所有工单,将实际成本与计划成本进行比较。在一些 CMMS 中,指定能够接受的偏差百分比范围,可有效帮助管理层聚焦需要深入审查的问题。按主管索引生成的摘要是有价值的,报表结尾按有效性列出监督最为有效至为最无效的主管。任何重大偏差都应得到细致深入的调查。

4. 停机时间报表

停机时间报表将当月所有已关闭工单的实际停机时间与预计停机时间进行比较。该报表非常重要,因为它不仅包括预先计划与排程的工作,而且还包括紧急和故障工单。它并不只是衡量工作计划和监督的有效性,而是衡量整个企业运作的有效性。PM 计划、工作计划、工作监督、库管、采购和部门间协调都会影响停机时间的控制。预先明确可接受的偏差范围,可以帮助报表聚焦关键问题。任何重大偏差都应进行调查,并采取适当的纠正措施。

5. 预算偏差报表

预算偏差报表将按类别对所有维修费用的实际发生值与相应计划值进行比较。根据工厂或设施的预算规程,它们可以分成诸如人力、物料、外委和工具等类别。该报表可以使管理层在为时过晚之前,及时发现并纠正潜在的问题。

6. 人力资源使用摘要报表(按部门和工作类型)

人力资源使用摘要报表是可用于分析维修部门工作的最有意义的报表之一。它首先按工艺总结每个部门(生产线、设施和成本中心等)执行的工作,包括人力资源支出总额。报表第二部分应列出为整个工厂或设施支出资源占总资源的百分比,以及每个部门所使用的百分比。最后一部分则按工作类型显示每个部门所完成的工作中,紧急工作、计划性工作、PM 工作或其他类型的工作所占的百分比。

9.5 一般信息报表

一般信息报表列出一般性信息,以供存档及参考。虽然它们本身不提供分析能力,但它们构成了各类别信息的目录。

1. 设备列表

设备列表列出了维修部所负责维护的所有设备。它有两种格式——摘要和详细。在摘要性报表中,一行信息代表一台设备,包括如设备编码、名称、设备类型和位置等信息。在详细的设备列表中,每页或多页代表一台设备(取决于信息的详细程度)。列表中应包括设备相关的所有信息。此报表可以是实体文档或文件夹或计算机化的数据库。

2. 交叉检索列表

交叉检索列表将所有库存零部件列为备件。它可以是基于每台设备的 BOM,也可以是基于备件编码的列表,并列出使用该部件的所有设备。这两种方式都有其价值。基于设备的列表帮助计划员快速获知特定设备的零部件中有哪些是库存备件，而基于备件本身的列表有助于库存管理人员明确其作为备件的必要性和意义。

3. 部件主列表

部件主列表列出库存中的所有备件。它可以通过两种格式生成：通过备件编码或备件描述。这两种格式都是必要的，因为会存在备件编码未知的情况。而按照备件描述索引有助于技术人员或其他不熟悉备件编码的人员进行查找。每个列表都包括关于备件的大部分信息，可能需要一页或多页。

4. 维修人员列表

维修人员列表列出有关维修人员的所有信息。可以按雇员编码或姓氏/名字索引。每个列表具备所有的人员信息，每个员工可能需要一页或多页。

5. 分析/决策支持报表

最后的一系列报表是基于实际需要为管理层准备的。它们不是简单的列表，而是使用先进的统计计算生成智能输出。这些报表本身不是决策，但其所提供的信息，配合良好的管理技能和洞察力，可以帮助实现成功的维修维护管理。

6. 统计报表

统计报表有助于发现故障趋势。它按照设备编码或设备类型列出停机时间、导致停机的原因及其对运行的影响。例如，该报表可以聚焦所有空调机组，查看在一定时段内最常见的故障原因。另外的报表可能侧重于车床，聚焦因停机导致运行延误 10h 或以上的故障的最常见原因。对该报表的深入分析可以有助于改进预防性维护计划，乃至采购政策。

7. 资源需求预测（开放式）报表

资源需求预测（开放式）报表对特定期间内已知的维护维修活动的资源需求进行预测。如果该特定时间段超过了当前待完成工作的所需时间，那么其剩余时段内基本上变为 PM 工作资源需求预测。该报表列出了待完成工单，按工单生成时间由远及近排列（在该指定时段内计划执行的 PM 工单也将包括在报表中）。报表将列出在预计期间内的人力成本、物料成本、外委成本和其他成本信息。这些信息可以帮助企业短期内（4~8 周）的财务规划。报表还可以帮助相关团队了解在短期内需要使用其资源的维护维修活动。

8. 设备历史报表

设备历史报表能够给出在任何特定设备上所执行的所有工作的详细信息。该报表应向用户提供选择标准，这样他们不用浏览所有工单就能够找到所需的信息。可用于信息索引的类别包括：

1）工作类型（PM、紧急、计划等）。

2）设备组件。

3）故障类型。

4）任务类型（调整、校准、零部件更换等）。

5）日期范围。

该报表有助于确定任何特定设备所发生的具体问题及发生频率。

9. 维修用时报表

维修用时报表列出所有导致停机时间大于指定值的维修活动，无论其是紧急、预防性维护还是例行工作。该信息使用户将注意力集中在对运行具有一定影响的维修活动上。报表应能按设备、设备类型、部门、工艺或任何其他对企业有重要意义的方式进行排序索引。

10. 重复维修报表

重复维修报表分析在相同设备组件上执行的超过用户指定次数的维修活动。报表应列出维修次数，每次维修导致的设备停机时间，以及每次导致设备故障的原因。该报表有助于分析特定设备组件所发生的重复故障。如果扩展来看，可以通过此报表获取不同设备上相似组件的故障率。此信息可能有助于支持采购或停机决策。

11. MTBF/MTTR 报表

MTBF/MTTR 报表计算某设备的 MTBF 和 MTTR。报表应该能够将信息分解到组件级别。该信息有助于 PM 任务频率的设定和生产计划的制定。该报表可以提供针对特定故障原因和设备组件的 MTBF 和 MTTR 信息。该部分信息有助于识别问题组件或相关故障，因而还有助于维修资源的使用计划。

12. 故障分析报表

故障分析报表分析所有故障与紧急工作请求。它可以针对某台或某类指定设备，也可针对所有设备。它应包括以下类别的信息，并能够按其进行索引排序：设备类型、生产线、车间、设施、会计科目代码、故障、故障原因、维修类型和解决方案。该报表使维修经理能够发现特定问题并纠正它们，有的放矢地优化资源的使用。

13. 前十问题设备报表

前一份报表重点给出了设备的具体问题，此报表则列出了基于停机时间、人工成本、物料成本或外委成本等排名前十位的问题设备。它应该能够按工厂、部门、设施、生产线、会计科目代码或其他适当的字段进行索引。本报表突出了特定的问题设备，而前一份报表则可用于进一步分析具体问题。

14. PM 路线列表

在一些工厂和设施中，PM 任务的设置，旨在优化技术人员的工作路线。此报表列出特定的 PM 路线及其所包括的所有 PM 任务。通过与相同区域中的其他路线进行分析对比，管理人员能够对其进行调整，以优化技术人员的工作行程。

15. 逾期 PM 报表

逾期 PM 报表显示与某设备相关的所有逾期 PM 工单。可以按照设备编码、部门、生产线、设施和会计科目代码等字段进行查看索引。它应用于识别错过或逾期的 PM 任务。配合故障分析报表，它可以帮助企业发现与 PM 执行不力密切相关的故障问题。

16. 停机检修报表

停机检修报表允许用户查看指定的停机检修活动，并列出为该次停机检修计划的所有工单。用户可获取所有工单的相关信息，如工作要求和所需资源等。这些信息可以输入至项目管理程序中，以便使用 PERT 或 GANTT 图表进行详细计划。

17. PM 执行效率与监控报表

PM 执行效率与合规报表包括两部分。第一部分对比已完成 PM 工作的计划和实际情况。可以按设备、部门、团队或工艺、设施进行分类。对比应包括以下几个方面：计划执行时间与实际执行时间，计划使用物料与实际使用物料，计划停机时间与实际停机时间。用户应能够指定特定偏差百分比，使得报表能够突显存在的问题。第二部分是有关 PM 执行频率的合规性信息。通过指定能够接受的偏差百分比，用户可获得基于与报表第一部分相同的参数选择的报表。报表将列出所查看的 PM 工作的计划执行频率与实际执行频率。此信息有助于管理人员审查 PM 执行的合规性和计划精度。

18. 物料活动报表

物料活动报表显示指定仓库或所有仓库的库存活动。报表可列出指定零部件、特定系列零部件或所有零部件的库存活动。该报表可帮助管理人员分析特定区域的库存活动，以确保针对库存管理和仓库配送的适当人员配置。

19. 低周转率备件报表

低周转率备件报表用于发现周转率较低的库存备件。关键备件将不会出现在该报表中，因为根据其定义和特性，关键备件的周转率本来就较低。但是对在指定时间段内没有任何活动的其他备件，可以对其进行标记，以减少库存数量或从库存中移除。该报表可以按仓库以及备件组别或备件类别进行分组显示。

20. 发放/返还报表

发放/返还报表显示发放给工单的物料信息，并与因实际执行不需要而返还仓库的物料进行比较。报表还应列出发放给工单的所有未经计划的物料信息。该报表可提供对计划员在工单物料计划方面的有效性的度量。报表应按计划员排序。对每个计划员的所有物料计划进行汇总，并计算其计划的有效性。此报表将有益于库存经理和维修经理的工作。

21. 超储备件报表

几乎所有的库存物料都有预设的最大/最小库存量。此报表列出当前库存量高于其预设最大值的所有库存物料信息。它将突显超储备件的问题。基于该报表，企业可以采取适当措施来减少这些物料的库存量。

22. 经济订购量（EOQ）报表

经济订购量是指采购某物料时的最佳订购数量。因其超出本书的范围和目的，故对其计算公式，不在此处进行解释。EOQ 是订购维护维修备件的有效方法。此报表将列出库存备件相应的经济订购量。报表中提供的相关信息可用于更新物料列表中的对应项。

23. 缺货报表

缺货报表将按降序排列，给出在指定时间段内发生缺货的库存物料信息。某备件多次发生缺货则意味着存在问题。企业应基于本报表信息，交叉参考活动与计划报表，以便发现和纠正问题。备件缺货可能导致较高的停机成本，应尽快予以纠正。

24. 库存优化报表

由于库存是资金成本与缺货风险之间的一种平衡折衷，本报表将综合考虑所有相关因素，并给出库存水平建议。它类似于 EOQ 报表，不同的是它强调经济损失。例如，它基于持有成本、所需服务水平、停机成本、货期和其他参数来计算维持不同库存水平产生的相应成本。报表应该为用户提供多个选项，并显示库存项目多少带来的成本方面的影响。

25. 再订购列表

再订购列表列出了需要再订购的所有库存备件。它通常用于当维修职能与采购职能间缺少计算机化数据交互的情况。它将按仓库列出所有当前库存量低于其预设最低库存量的备件。相关人员将审核该报表，并转交采购部门采取行动。

26. 部件收货清单

部件收货清单列出已交货并已接收的所有物料。交货数量、入库位置和日期都应显示在报表中。

27. A-B-C 分类报表

在本书第 8 章的库存管理中描述了 A-B-C 分类体系。此报表将库存备件按此体系进行分类。结合其他多个活动报表，它可以帮助管理人员调整库存水平。

28. 价格变动报表

价格变动报表列出了所有收货价格不同于订购价格的库存物料。该价格差异表明了物料价格的变化或供应商错误。基于该报表信息，采购方可以采取适当的行动来确定价格变化的原因。一旦问题得到解决，应以正确的价格更新库存记录。

29. 部件保修报表

部件保修报表列出了库存中各部件的保修信息。对于保修期较长且周转率较高的部件，此信息将比较有用。进一步的调查可能会揭示向制造商提出退款申请的理由。在某些情况下，对保修信息的密切监控可能会带来相当数额的退款。

30. 补充库存报表

补充库存报表用于具有多个仓库的工厂或设施。它显示储存在主仓库中，且需要分发到周边卫星仓库的物料信息。它列出了该零部件和其目的地仓库信息。生成此报表后，还需要重新生成再订购报表，因为某些物料在主仓库中的库存量可能低于其最低设定。

31. 部件工单发放列表

部件工单发放列表类似于物料活动报表，但它还列出了每个部件关联的工单信息。它可以按工单编码列出。但更常见的情况是按部件编码列出，并将与其关联的每个工单的信息也一并列出。

32. 库存调整事项报表

库存调整事项报表在库存盘点后生成。它显示了盘点实际数量和库存记录之间的差异。在一些计算机化系统中，生成该报表时，用户可以输入物料的实际库存量，这样报表便可以列出每个库存项目的实际存量与系统数据间的偏差。

33. 逾期采购申请报表

逾期采购申请报表将列出逾期采购申请，以确保采购部门能够及时将采购申请纳入到采购订单中。由于许多维护维修活动取决于备件的可用性，因此这是一个关键的绩效衡量报表。

34. 逾期采购订单报表

逾期采购订单报表显示所有已超过预定交货日期而尚未完成的采购订单。该报表同样非常重要，因为许多维护维修活动的计划与排程都基于预定交货日期。当采购订单逾期时，采购部门应致电供应商，检查订单状态，并采取必要措施加快订单执行。

35. 供应商绩效分析报表

供应商绩效分析报表分析了每个供应商的交货准时性、价格和业务总量。此信息可用于要求更多折扣、确保质量或其他与供应商绩效相关的问题。该报表有助于关键备件供应商的选择。

36. 采购订单历史报表

采购订单历史报表用于跟踪采购订单的收货历史记录。由于许多采购订单包含多个采购项，货物的接收都分散在不同批次的运输中。该报表列出每个采购订单及到目前为止接收的所有货物。它还可用作衡量供应商绩效的指标之一。

37. 未完成采购订单报表

未完成采购订单报表列出了所有未完成的采购订单。这些订单既包括逾期订单也包括未逾期订单。该报表还可作为供应商绩效分析报表的补充。供应商绩效分析报表包含了所有相关的历史信息，而本报表给出了当前未完成的订单信息。

38. 成本差异报表

成本差异报表有助于在库存—采购—接收过程中同步所有零部件价格。在这几个方面存在价格差异的零部件都应包括在该报表中。这些信息有助于确保工单系统中的准确的物料成本统计。

39. 加班工作报表

加班工作报表分为两部分。第一部分是员工的列表，以及他们在指定期间内的总加班时间。第二部分是联系方式列表，公司根据相关政策，联系员工加班。这些报表可以帮助维修主管节约时间。

40. 取消的 PM 工作报表

取消的 PM 工作报表是基于设备编码的选择性报表。它突出显示特定设备的所有被取消的 PM 工作。此报表可用于在该设备发生故障时对 PM 合规性的审查。忽视 PM 工作可能是设备失效的原因。这份报表非常有价值，可以证明 PM 计划的必要性。

9.6 小结

本章所提供的报表可能无法满足维护维修/资产管理的所有需要。然而，这些报表已经足以帮助企业收集足够的信息，从而开始其对标管理的进程。如果没有这些详细的信息，企业就不可能有足够的数据来开展对标管理。

国际领先的维护维修管理

什么是世界一流制造？是代表一种地位还是仅仅是一个流行词？这个概念的内涵是什么？其他国家是否获得了这样的地位？维护维修会影响企业到达这个高度的能力吗？企业如何能够实现世界一流的维护维修管理？本章将回答这些以及其他相关问题。

10.1 国际市场

"世界一流"一词是从过去几十年的市场变化演变而来的。在 20 世纪 60 年代和 70 年代初，美国公司拥有国内和国际市场。其他国家的企业即便只是在其国内市场参与竞争，也会发现面临着来自美国的竞争对手。在这种形势下，企业和竞争对手会面临同样的外部问题，如原材料短缺、公路运输罢工、铁路罢工或其他困扰，企业的成功往往取决于产品的价格、质量和交付。而在当时的（美国）国内市场上，各供应商之间几乎没有什么显著的区别。而如果一家美国企业选择进入国际市场，那么它会发现，与竞争对手相比，它通常具有更好的产品、技术和营销技能。那时美国企业控制了国际市场的最大份额。1965 年，尽管当时美国人口总量不到世界人口的 1/10，美国在全世界制造业市场中却占有 30% 的份额。

在 20 世纪 60 年代末 70 年代初，美国工业界逐渐形成了一种"肥猫"态度，即美国工业不可能犯错的观念。无论成本、质量如何，美国企业造什么就能卖出什么。虽然当时的美国正在经历辉煌的美国梦时代，但其他国家也在暗下决心，想要迎头赶上。各国政府都采取了一系列举措刺激经济，鼓励经济发展，这些国家也开始了一系列态度上的转变。他们分析美国在做什么，怎么做，并力图也要取得同样的成就。他们每天工作 16～20h，改造、重建，增长他们的经济实力，于是一件奇怪的事情发生了。譬如田径运动员，他们不懈地训练，最终取得的进步使他们自己都感到惊讶，而过分自信的竞争对手却疏于训练，认为没有人可以向他们发起挑战。就这样，市场局势发生了逆转。现在欧洲和亚洲国家的企业正在获得长足发展，不仅体现在其国内市场，也体现在了美国市场。

美国企业对此深感震惊并陷入了一种犹豫不决的状态。20 世纪 70 年代中期的经济衰退，降低了他们恢复和再投资的能力。他们开始牺牲长期利益来换取短期利润，以求生存。20 世纪 70 年代末 80 年代初是美国以外竞争对手的快速发展时期。他们所奠定的新的竞争优势，成为他们从美国企业争夺市场份额的机会。他们不断提高产品质量，降低产品价格，并改善交付的及时性，形成了一个很难超越的竞争优势。与此同时，美国对进口产品的需求继续增加，到 1999 年美国的制造业贸易逆差为 3290 亿美元。如图 10-1 所示，到 1987 年，美国企业的竞争对手，已成功地将美国在全球市场所占份额降至最低水平，即 10% 左右。

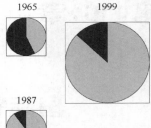

图 10-1　制造业市场份额

到 1999 年，该份额提升至 13%，但距 1965 年的 30% 的水平还相差甚远。到 2011 年该份额又增加至 19.4%。但即便如此，与我国相比，却仍旧存在 19.8 个百分点的差距。这是历史上第一次美国没有处于领先地位。

10.2　国际领先和最佳实践

世界一流制造的真正含义现在变得清晰了。它指的是在全球范围内的竞争能力，是在全球范围内，以产品价格、质量和按时交付击败任何竞争对手的能力。如何达到这一水平是企业面临的真正挑战。

为了使企业跻身世界一流，它需要实施"最佳实践"。然而，最佳实践并不是普适的；不同商业领域的最佳实践并不相同。不同的市场和商业条件，决定了在特定的情况下什么才是"最好"。例如，在竞争决定价格的市场环境中，成本控制势在必行，利润率是关键因素。而在供方市场环境中，产品销售不存在任何困难，产能则成为主要关注的问题。对于新建工厂或设施，其最佳实践也必然不同于在未来几年即将停产关闭的工厂或设施。

无论商业环境如何，有几项通用的最佳实践可以帮助企业提升其竞争优势。这些最佳实践可以分为三个方面：质量、对待竞争的态度和自动化技术。

1. 质量

发表于 AIPE 大会⊖上的一个演讲中指出，一个制造业企业平均 20%～25% 的运营预算都用于了查找和修复错误。如果将维修或更换缺陷产品的成本也考虑进来，这个水平可能高达 30%。如果再考虑由于产品质量声誉不佳而造成的未来销

⊖　AIPE 大会即"国际工业与生产工程发展大会"，英文为 International Conference on Advances in Industrial and Production Engineering。——译者注

售损失，那么这个百分比又会是多少？据估计，低质量所带来的成本高达销售额的10%。虽然美国企业在这一领域取得了一些提升，但"美国制造"尚未完全恢复其吸引力，尤其与国际质量标准相比。质量方面"最佳实践"的整体概念是防止缺陷，而不是纠正它们。不幸的是，纠正缺陷却是美国工业界的共同哲学。

2. 对待竞争的态度

企业对其竞争对手的态度是最难调整的。从国内市场走向国际市场，市场环境发生了变化。不能坐等政府通过施加进口限制来试图拯救某个行业，无论该行业对经济的影响有多么深刻和重要。企业要生存，就必须专注于内部改进，而不是依赖外部的保护主义。他们必须严肃地看待任何竞争对手。"客户会订购我们的产品，因为我们是一家美国公司"的说法是小说里的情节，而不是事实。客户只会选择价格、质量和服务是最优的产品。

3. 自动化技术

早在1978年3月的《工业工程》杂志上发表的一篇文章中就指出，美国只有20%的工厂在自动化水平上能够匹敌海外竞争对手。想想过去30多年来从美国转移到海外的企业和工厂的工作岗位数量吧。自动化给企业带来了对比低自动化水平的竞争对手巨大的价格优势（该因素不受与工资差异有关的工作损失的影响）。尽管美国在这一领域已经取得了一些进展，但众所周知，美国的很多工厂仍然没有能够充分运用来自运行和维护部门的信息。这使得工厂或设施的生命周期成本高于必要所需。在工厂或设施的生命周期中，工厂不得不付出更高的运维成本。而这是美国企业拱手让予海外竞争对手的一个巨大成本优势。

如果这些美国企业想要降低成本和提高产品质量，那么质量设计和自动化就是解决方案。许多行业的国际化企业从产品设计到生产，从订单输入到交付，都实现了完全自动化。对刚刚开始向这个方向努力的企业的一个警告是：虽然自动化是大势所趋，但如果某些做法或行动本身就是浪费资源，那么即便实施自动化，也毫无意义。

世界一流制造需要消除复杂性。它需要简单明晰的设计和制造过程。简单是消除浪费的关键。而对于想要跻身世界一流行列的企业来说，明智的做法是深入了解维护维修在质量、态度转变和自动化领域所起到的作用。

4. 质量

如果不采取任何维护，而是任由设备运行至失效，那么设备的状况将日益恶化。所有的设备都需要维护，维护频率则随使用年限而变化。如果设备在预定的间隔内未能得到适当维护，则无法维持正常的运行。维护不良的设备，很难生产出质量一致的上乘产品。如果企业正在实施质量计划，那么维护工作也必须是该计划的一部分。

预防性维护有几个要素。在世界一流企业中，设备的操作人员可以对设备进行检查。如果记录得当，这些检查有助于发现所需的调整或缺陷部件，从而进行更换。这种方式减轻了维修部门的一些技术要求较低的工作量。这样做在提高产品质量的同时，还有助于促进维修部和运营部之间的良好关系。视情维护和预测性维护系统有助于确保更高质量的产品，也确保设备不会恶化到导致产出缺陷产品的状态。改变工厂管理层现在的"全力运行"或"持续运行"的心态也很重要，这将在下一节中详述。

10.3 态度

公司必须调整的态度之一是为了短期利益而牺牲长期规划。这种态度对国际市场和公司计划推进的产品会有影响，对于维护维修也存在影响。如果管理层更倾向于关注短期目标，那么将会对维护维修产生以下几个方面的影响：

- 预防性维护。
- 人力资源计划。
- 库存。

出于短期目标的考虑，运行部不会将设备交给维修部门进行日常维护，因而预防性维护会受到负面影响。因为这类维护工作可能会需要停机，从而影响短期目标。但公司需要从更长远的角度看问题。保持设备的良好状态并生产高品质产品，应该是维修部和运行部的共同目标。如果他们能够合作，将为企业带来长期成本节约和更好的产品质量。

例如，在建立预防/预测性维护维修系统后，企业的成本节约可能高达工厂总产量的 1.2%。然而，从短期来看，这类计划的启动会在短期内（启动后 6 个月）提高维护成本。因此如果企业只关注短期成本的控制，它将永远无法实现长期的节约。

另一种通常需要调整的态度，是管理层对于维修部门在企业中的定位。成功地实施了维护维修最佳实践的企业，已经致力于将维护维修管理提高到与其他管理职位同等重要的地位。没有这样的态度和承诺，设备维护无法有效改善。而国外的竞争对手早就意识到这一点了。他们充分意识到并尊重设备维护对企业总体盈利能力的贡献。

还有一种可能需要调整的态度是管理层对维护维修资源的态度，这些资源包括：人力；物料；工具；其他用品与杂项。

让我们来审视一下企业的维护维修预算。每年与维护维修相关的工资支出有多少？维护维修零部件又有多少？你可能会发现这些数字是惊人的低。然而，一家企业不可能在不考虑以下因素时就开始生产：所需材料；所需设备；所需人力；生产最终产品所需的时间。

现在让我们设想一下图 10-2 中给出的情景。这种情况远远不符合最佳实践，以至于可以把它归为最差的做法。大多数人都不会想成为这样企业的股东或员工。

任何以这种模式和态度经营的企业永远不可能真正盈利。因为这是极度浪费的做法，并会创建一个令人沮丧的工作环境。对以这种方式运营的公司来说，往往存在对维护维修职能的滥用。而太多的企业恰恰在以图 10-2 所体现的方式运行其维护维修职能。原因是由于管理层的短视，而没有给予维护维修职能以应有的重视。不从根本上改变态度，这些企业的维护维修管理则几乎没有改善的机会。

> 操作员需要等待别人告诉他们应该操作哪台设备？或者由操作员来通知生产经理今天要生产什么产品？

> 操作员需要自己去仓库领取今天生产所需的物料？

> 操作员自己提出生产所需的物料采购申请然后等待交付？

> 操作员不得不排队等候使用所需设备，因为可能有多人需要同时使用该设备？

> 操作员无所事事，站在一旁看同事工作，因为之前没人知道只需一个人操作设备即可，而分配了多名操作员

> 这些做法不是很荒谬吗？

图 10-2　"最差实践"操作

维护维修计划是任何企业致力于永久提高维护效率与有效性的最重要的元素。

简而言之，如果管理层希望优化维护维修管理，就必须对其深入了解。这样做，将带来以下好处：

1）产品质量的改进。

2）设备利用率与开机率的提升。

3）维修人力与物料成本的下降。

无论竞争如何激烈，企业便可以胸有成竹地面对风云变幻的国际市场。

10.4　自动化技术

对于维修部门来说，自动化技术意味着通过利用先进的维护维修工具和设备将维护维修成本保持在最优水平。以振动分析为例。当最初出现时，这项技术属于纯粹的工程领域。随着技术的成熟，这些工具变得更容易使用。很快，维护技术人员便开始规律性地获取振动读数并进行趋势分析。支持性软件随后被开发出来帮助人们基于读数制作图表、进行趋势分析和解读。目前，一些企业还在设备上安装了"运行/停止"的报警指示灯，操作人员可以快速发现问题，并通报维修部。如今很难找到完全没有采用任何形式的振动分析的制造型企业。单单这一项预测性维护技术就为企业带来了巨大的成本节约。

自动化技术的其他领域包括其他一些预测性维护技术，如红外扫描和光谱磨损颗粒分析。这些技术虽然最近才开始广泛使用，但它们具有与振动分析相同的潜

力，能够帮助企业提高维护维修的有效性。另一个更为先进的工具是视情维修，在这种模式下，设备信息被实时反馈到维护维修系统，通过对相关参数的分析，制订并采取适当的行动。这项技术已在几年前被广泛接受。维修信息化是自动化技术的另一个例子。CMMS 或 EAM 使整个维护维修流程自动化。这些系统由几个子系统组成，它们包括：设备数据；预防性维护维修；工单；库存；采购；人员管理；报表。

采用维修信息化使管理层能够便捷地访问历史数据、重要的摘要报表，以及大多数情况下都能够实现图形化的数据展示。然而，一些企业却被 CMMS 或 EAM 产生的大量数据信息所拖累。在此必须指出，信息应该支持管理，而不是成为其负担。

CMMS 或 EAM 通常是维护维修职能充分实现自动化的最终关键因素。供应商、咨询顾问和软件专家将预测性维护维修系统、基于计算机的培训系统和其他相关软件包中的信息提取并输入到 CMMS/EAM 中。例如，企业使用预测性维护维修信息来触发生成 CMMS/EAM 中的维修工单，以及系统根据工单的优先级进行计划和排程。所有这些可能性都很重要，因为它们再次反映了维护维修对企业盈利能力的影响。

10.5　固定资产投资收益率、维护维修管理与资产管理 ◁◁◁

公司在其资产上的投资通常是根据其所产生的利润来衡量的。这一指标称为 ROFA。当企业选择所需的设施或建设工厂时，该指标可用于战略规划。

资产管理侧重于实现产品产出或所提供服务的最低总生命周期成本。该目标是要实现比竞争对手更高的固定资产投资收益率，以便以更低的成本提供产品或服务。做到这点的企业能够吸引更多的客户，确保更大的市场份额。此外，更高的固定资产投资收益率将吸引投资者，为进一步开拓业务建立一个健全的财务基础。

企业的所有部门和职能，都有责任衡量和控制其成本，因为最终都会影响到企业整体的固定资产投资收益率。只有当企业的所有部门和职能协同工作时，才能实现固定资产收益率的最大化。在这里将重点关注维护维修职能对固定资产收益率的影响，其他部门和职能则超出了本书的范畴。

1. 维护维修与资产管理

维护维修管理如何影响 ROFA 的计算呢？这里可以关注两个指标：

维护成本占总工艺、生产或制造成本的百分比

该指标是制造成本的准确度量。它应该用于整体计算，而不是针对每个生产单元。维护维修成本相对于生产成本的比率通常是比较恒定的。这种稳定性使得采用该指标对于维护维修进行财务衡量更为准确，也使得对维护维修成本的趋势分析更为容易。如果维护维修成本所占百分比发生波动，则企业应审视维护维修的效率和有效性，以找出变化的原因。

每平方英尺维护维修成本

该指标将维护维修成本与所维护维修设施的总楼面面积进行比较。它是一种较为准确的衡量指标，因为该成本通常也比较稳定。通过该指标，企业可以很容易地发现维护维修成本随时间而增加的趋势。如果该指标发生明显波动，则企业应审视维护维修的效率和有效性，以找出变化的原因。

这两个指标表明，传统的维修人力和物料成本将对 ROFA 产生影响。但确保设备或资产的可用性也可能会对 ROFA 产生影响。从这个角度来看，有两个主要领域需要调查：①维护维修成本；②设备或设施的可用性。

2. 维护维修成本——人力成本

大多数采取被动维修策略的企业的维修效率平均为 25%～35%。这表明，在每 8h 的单班工作时间中，只有不到 3h 用于实际有效的工作。这些损失的维修效率通常由以下的延迟造成：

1）等待零部件。

2）等待信息、图样或工作指导。

3）等待设备停机。

4）等待租赁的设备或工具。

5）等待其他团队完成他们的工作。

6）不停地处理紧急故障。

虽然实现 100% 的维修效率对于任何企业来说都是不切实际的目标，但 60% 是可以实现的。维修技术人员工作效率的提升可以通过基本管理技术的改进来实现，例如：

1）提前进行工作计划。

2）进行工作排程，并与运行部门协调时间表。

3）确保零部件准备就绪。

4）协调工具和租赁设备及时到位。

5）将紧急工作减少到 50% 以下（基于工单衡量）。

通过计算机辅助，每项工作所需的计划时间将减少，从而产生更多的经过计划和排程的工作。这样可以有更多的时间进行预防性维护活动，从而有助于减少紧急维修和其他故障维修。这样的良性循环带来了更好的排程管控和维护维修效率的提升（通过减少在途和等待时间）。成功地实现了良好的维护维修人力资源管理的企业，都实现了工作效率的显著提升。

3. 维护维修成本——物料成本

物料成本与企业对资产进行维修的频率和规模有关。除了库存政策、采购政策和总体库存管理实践外，零部件的数量也增加了维护维修的物料成本。一些企业很少关注维护维修物料，库存也可能比实际所需高出 20% 或 30%。这增加了库存持有成本，并使物料成本过高。有时库存无法满足维修部门的需要，这就导致了一些为防不备之需的"非法"库存。这种做法也增加了维护维修的物料成本。

良好的库存控制使企业能够降低库存成本，并仍然保持至少95%的服务水平。这使得维修部能够对运行部门的工作请求做出及时响应，同时提高维修人员的工作效率。成功管理维修库存的企业，通常比未关注此领域的企业，在物料成本与总库存成本方面分别降低了19%和18%。

4. 设备或设施的可用性

对设备或设施可用性的考量，揭示了资产管理和维护维修管理之间的关联。设备的停机成本可能从每小时几百美元到每小时几十万美元不等。这些成本是由于生产率的损失或减少造成的。一些企业的停机率甚至超过30%。这导致了销售机会的损失和设备的不必要费用。一般来说，这样的企业势必处于竞争的弱势地位。

通过执行良好的维护维修策略和实践，并通过使用 CMMS 作为管理追踪工具，企业可以有效减少设备非计划停机时间。这将带来更多的产出，从而降低生产成本，并提升了企业的固定资产收益率。

5. 维护维修与固定资产收益率

如果资产管理是企业的关注点，维护维修职能将有助于提升整个工厂的盈利能力。企业的成功自然需要所有部门和职能的密切合作，但良好的设备维护维修可以对企业的固定资产收益率产生巨大的积极影响。

因为维护维修通常被视为成本中心，所以任何维护维修相关的成本节约，都可以被视为对利润的直接贡献。通过实现设备可用性的最大化，工厂或设施经理可以确保公司不需要进行超额固定资产投资。这说明企业是在真正地管理其资产。

技术将继续发展，并会用于进一步优化维护维修资源。世界一流企业将充分利用这些技术发展。他们必须这样做，因为他们的国际和国内竞争对手也都会这样做。拖延者将在竞争中败北，因为最佳实践企业正在积极寻求这种竞争优势。

10.6　小结

本章探讨了最佳实践维护维修为企业带来的竞争优势。还研究了维护维修职能对公司竞争力的影响。本章还列举了实施维护维修最佳实践为企业带来的收益。最终，本章强调了企业态度的重要性。很多企业未能实现维护维修最佳实践的主要原因之一，是他们对维护维修职能的总体态度。真正理解维护维修如何影响其竞争力的企业，将能更好地实现维护维修的最佳实践。

维护维修管理集成

在当今竞争激烈的市场中，公司必须深入调研每一个潜在的、可能会发展为竞争优势的商业机会。能够充分利用各种工具开展业务的企业，将在各自的市场上占据主导地位。其中需要仔细审视的工具便是信息系统——企业用来管控业务的计算机化工具。

本书不可能对企业使用的每种信息系统都进行深入讨论。但在篇幅允许的情况下将在此对几个常见的信息系统及其有效应用做些叙述。

11.1 典型的信息系统

目前企业使用的最常见的信息系统包括：

1. MRPⅡ与MES

MRPⅡ和MES帮助公司管理其业务的财务、制造和分销领域。MRPⅡ系统正在演变为制造执行系统（MES）。在未来，MES将演变为企业资源规划（ERP）系统，将业务的所有方面集成到一个单一的、全面的系统中。

2. CMMS与EAM

CMMS和EAM帮助企业管理用于生产产品或提供服务的设备的状况。这些系统可以跟踪设备的相关信息，还可以计划日常和预防性维护维修。基于这些信息，企业可以进行客观的维护维修或更换决策，并最终追踪资产的全生命周期成本。

3. 车间控制系统

车间控制系统帮助企业基于制造流程进行生产计划和进度追踪。这些系统使企业能对生产时间和预计交货时间进行可靠预测，而这两者都是及时制造系统（JIT）的前提条件。

4. CAD/CAM系统

计算机辅助设计（CAD）系统与计算机辅助制造（CAM）系统支持企业产品的设计与制造。因为它们能够帮助制造商缩短新产品的上市周期，这些工具对于产品生命周期较短的企业是非常有价值的。换句话说，它们使企业能够加速产品的市场推广。

5. 能源管理系统

能源管理系统帮助企业管理和控制建筑物或工艺系统的能源消耗。这些系统可以控制加热、通风和 HVAC 系统、照明系统、工艺加热和冷却等。优化能耗系统控制并降低了能源成本。企业通常将安全管理和消防安全系统结合到能源管理系统中。在这种情况下，这些系统有时又被称为建筑物管理或楼宇自动化系统。

11.2 信息系统的有效运用

衡量信息系统有效性的一个指标是用户可以访问和使用的数据量。这些系统越是有效地得以使用，其产生的收益、投资回报率和最终的企业竞争力也就越大。在实践中，这些系统可以以四种方式进行运作：作为独立系统；批量传输和接收来自其他系统的数据；与其他系统交互；与其他系统集成。

它们也显示了在计算机化环境中从数据的充分运用到最优运用的发展过程。

1. 独立系统

信息系统的独立应用通常表示其由一个部门管控。收集的数据处于系统的"所有者"的控制之下，并且不轻易与其他部门共享。管控该系统的部门使用该系统来管理或控制其业务。而与此同时，该部门可能并不知道这些信息将如何帮助满足公司其他部门的需求或运营问题。

2. 批量数据传输

批量处理数据传输意味着一个部门对另一个部门的信息需求有一定程度的认可。数据传输的一种基本形式可以是从某系统内生成报告，然后将相关数据重新键入另一个系统。而更为复杂的数据传输可能涉及将文本文件或标准数据库下载到储存介质，然后将其上传到另一个系统。

3. 系统交互

不同信息系统之间的数据交互是批量数据传输的下一阶段，旨在提高信息系统的有效性，从而为企业实现更多的竞争优势。当不同系统之间的日常批量数据传输工作量过大，而电子传输可以提高操作效率时，系统交互便应运而生了。

实现数据交互的系统会周期性地进行强制"通话"，或者在某些情况下通过预设程序自动共享数据。如上所述的这些系统会进行批量数据传输。这意味着在固定的时间点，来自一个系统的数据将会更新另一个系统中的所有相关记录。虽然这种操作模式相对于手动数据传输具有明显优点，但这也意味着在更新的过程中，用户或管理者可能正在查看过时或不完整的数据。而在当今的竞争环境中，基于过时数据导致的延迟或决策的代价可能是昂贵的。

4. 系统集成

集成的信息系统能够以实时的方式进行数据传输。最先进的信息系统具有集成数据库，使得各种专用系统（如 CMMS、能源管理等）实际上成为了一个综合系统的有机组成部分。这些系统共享所需的所有相关信息。数据集成确保了数据操作的简易性和及时性。它还优化了竞争环境下的数据应用。

5. 两个陷阱

信息系统为企业的专业人员也埋设了陷阱。其中两个最常见的陷阱基于以下理念：

第一个陷阱是相信，作为一个整体，信息系统可以解决任何问题。一些企业已经变得过于痴迷于技术，他们试图购买一个现成的解决方案，用来解决他们所有的问题。然而，在企业尝试对其业务流程进行自动化之前，他们应该充分了解这些流程，并理解优化的目标是什么。在没有完全理解和有效执行公司基本业务功能所需规则的情况下实施信息系统以实现自动化，将可能失败。系统只能提供和操作信息，企业则必须执行使系统有效运作所需的规则。

第二个陷阱则是相信管理信息系统（MIS）部门始终是企业硬件和软件需求的最佳来源。当公司开始从独立系统发展到集成系统时，这种理念可能导致无法实现预期的结果。由于 MIS 部门通常负责管理公司的计算机系统，因此它倾向于掌控不断发展的集成系统的所有权。太多时候 MIS 部门经常基于其自身的软硬件偏好来决定企业必须使用什么系统，而不是由业务部门来选择支持企业经营理念的系统，然后再整合他们的选择。

所有涉及使用信息系统的部门都必须在其系统选择和集成中发挥作用。如果无法做到这点，则系统集成很少能够成功。这就使得向系统集成的发展通常又退回到独立信息系统的状态。

11.3 维护维修与业务规划的集成

在回顾了可用信息系统的类型和了解系统集成的竞争优势之后，企业必须问自己这样一个问题：我们是否充分利用了先进的计算机工具使我们的业务在未来更具竞争力。对这个问题的回答，应从态度和焦点开始。针对维护维修的不当态度，在本书前面的章节已经讨论过。然而，如果维护维修系统没有被赋予与其他业务系统相同的优先级，则数据将永远不够准确。

CIM（计算机集成制造）、MRP（物料需求计划）、MRP Ⅱ、JIT、FMS（灵活制造系统）、CAD/CAM、MES 和 ERP 都是当今制造业中常见的缩略语。然而，在关于这些主题的所有文献中，几乎都没有提到：维修组织或维护维修管理必须与企业的其他职能和部门进行交互，以使这些系统成功。

问题就是前面提到的"态度"。构想和实施这些系统的工程师和管理者忘记了一系列基本概念：企业要制造产品，就需要设备；要实现世界一流的运营，企业需要自动化设备；而要操作自动化设备，企业需要自动化控制系统。为了确保自动化控制系统和自动化系统的正常运作，企业需要践行"最佳实践"的世界一流的维护维修部门。如果自动化制造的业务规划没有考虑到维护维修管理，则该计划将不会取得长期成功。虽然这句话可能听起来有些耸人听闻，但这却是事实。然而一些企业却认为新的工厂或设施并不需要维护维修，这些工厂或设施也就在相对没有任何维护维修的情况下运转。

为什么会有这种情况呢？这是因为所有的设备都是新的，因此还没有老化到需要维护的地步。根据设备的工艺和负载，设备的状态会在 3~5 年内劣化。非计划停机率会逐渐上升，而利用率不断下降。一些企业会降低设备的产量，以避免因维护维修造成的设备停机。但无论企业如何尝试屏蔽或掩盖这一事实，维护维修管理是任何世界一流制造企业的重要和必要的组成部分。

1. 维护维修与 MRP

维护维修如何在企业管理中得以体现呢？可以参考以下这个例子。MRP 系统使用主生产计划和物料清单来确定需要什么设备，需要哪些物料以及需要什么人力资源来生产产品。主生产计划基于所有的销售预测信息，使大家可以了解企业的产出需求。物料清单有助于确定仓库的总物料需求量。生产调度员知道每件产品在每台设备上所需的加工时间，从而确定所需人力资源。这个过程看起来很简单，也可以非常精确。但是，这里有一个重要的前提或假设，那就是设备在需要使用时是可用的。当这个假设不再成立时，偏差就会产生。

如果按调度计划要求设备在一周内每天运行 16h，持续 5 天，意味着设备必须以正常状态运行 80h，并生产出符合质量标准的产品。假设设备发生故障，在三个不同的班次各停机 4h，也就是总共 12h。此外，在另外 8h 班次内，液压系统（设备系统的一部分）不能够产生足够的压力，以允许设备正常运转，导致设备只能以 50% 的速度运行，这等同于又增加了 4h（8h × 50%）的生产损失。因此，总共有 16h 的生产损失。

那么企业如何弥补这种生产损失？这里会有两种选择：在第六天增加两个额外班次，或将没有完成的生产任务推到下周的日程表中。第二种选择对于按 JIT 方式运行的企业是不可接受的。因为这样做会造成订单延迟，可能使产品无法及时交付给客户。这种延迟可能导致在竞争激烈的市场环境下流失客户。因此，唯一可接受的解决方案是增加两个额外班次。只有这样才能保证生产任务能够在没有明显延迟的情况下完成。

但这样做涉及的成本：加班生产人力成本；加班维修人力成本；额外的能耗；重新做生产计划所花费的额外时间；通知客户订单可能会延迟所花费的额外时间。

而这些额外班次所带来的成本，是可以通过有效的维护计划来避免的。多数专家都同意，使大多数新的生产方法能够运作的唯一条件，是采用严格的预防性维护计划。在这个例子中，假设企业已经建立了预防性维护计划。如果该计划包括一些更为先进的技术，如振动分析，则企业就可能在故障发生之前检测到潜在的问题。针对这些问题的维修就可以被安排在本周的计划停机中进行，从而消除了非计划停机带来的生产损失。堵塞的过滤器会降低液压系统上的流量并造成压力损失，通过针对液压系统的例行预防性维护，就可以在计划停机期间得以更换。这样一来便消除了设备低速运行而造成的产能损失。

虽然这看来是个很简单的例子，但它确实在一些工厂中曾经发生或正在发生。每个企业都有类似的故事。所有这些都体现了企业可以通过对维护管理的重视，避免不必要的设备故障。维护维修职能及其信息系统如何适应企业的自动化和 JIT 的环境？以下这四个简要讨论过的选项：基本方案、批处理方案、系统交互方案和系统集成方案，可以提供针对该问题的解决方案。

2. 基本方案

基本的独立系统方案需要将维护计划手动输入到生产调度计划中。维修经理与生产经理就生产计划与维护计划进行比较，以发现维护排程与生产调度之间的任何冲突。这些冲突可以基于实际情况逐一解决，允许企业纠正存在的问题或者选择冒险的处理方式。工厂厂长应该对维修和运营经理无法决定的问题给出最终决策。

3. 批处理方案

批处理系统，通常用于维护维修系统和库存系统之间的数据传输，特别是当两个业务功能（维修和库存）无法达成一致使用同一系统时。因此，每个部门都有专为本部门服务的系统。在这种方案下，基于指定的时间间隔，库存数据库将被同步传送至维护维修系统中，以保证除了最苛刻的条件下，（维护维修系统中的）数据足够准确。

4. 系统交互方案

当企业系统（生产计划、财务、采购等）和维护维修管理功能实现计算机化时，可以采用系统交互方案。在这种方案中，除了信息从一个系统批量传输到另一个系统时，两个系统是彼此独立运作的。最常见的例子是将维护维修计划的时间需求输入到作为生产计划系统的一部分的生产调度计划中。生产计划系统将设备的维护维修需求视为生产需求对待，从而实现平稳的调度过程。如果没有冲突，则可以生成并确定计划表。如果存在冲突，可以通过转移资源，将生产任务分配到其他设备，或通过将维护请求（如果不紧急）推迟到下周来处理。这两个系统可以一起相互配合工作，避免"自动化孤岛"的问题。

5. 系统集成方案

当前趋势所向的最为先进的系统是集成系统。它与系统交互不同，因为它是实时的，而不是（基于特定时间间隔的）批量数据传输。当车间的 PLC 模块以实时的方式将信息反馈到生产调度和维护系统时，这种集成变得更为重要。如果企业希望维护维修能够为企业盈利做出贡献，那么这种视情维护的理念和方式，则是维修部发展的方向。

在集成系统方案下，所有生产信息都会反馈到生产调度系统，以根据主生产计划进行合规性检查。部分相同的信息（运行时间、生产率等）也会被反馈到维护系统中。这些信息，连同来自振动监测、温度监测或声波传感器的数据，可用于以实时方式进行维修调度，以防止设备的非计划停机或产品质量问题。这种协同关系对企业实现最优的投入产出率来说是必要的。只有实现了这种协作，企业才有可能在国际市场上保持竞争力。如果企业总是推迟将维护维修管理整合在整体改进计划中，那么他们很快就会被市场抛在后边。

6. EAM

计算机化维护管理系统市场上那些敏锐的观察者将注意到，软件供应商们现在称他们的产品为 EAM，而不再是 CMMS。要了解这种变化的原因，必须意识到，许多企业使用 ERP 来管理产品生产或提供服务所需的所有资源——从物料接收到生产，再到装运与交付客户。这些系统与从订单输入到订单执行的业务密切相关。

相比之下，CMMS 由维护维修部门用于维护维修管理功能。通常，CMMS 独立于主业务系统，需要手动的计划协调，以避免冲突。

ERP 和 CMMS 之间出现冲突，往往由于企业未能给予维护维修职能充分的重视所致。一般来说，没有良好的资产管理，企业不可能实现在整体层面上的资源（资产）的成功规划。当冲突发生时，由于设备可用性较低，企业会通过购买冗余资产，以确保足够的产能来满足市场需求。这种策略缺乏有效控制，通常导致过高的维修和运营成本以及较低的资产利用率。冗余（未充分利用）资产降低了整体的资产回报率，表明投资失败。

而针对这个问题的解决方案便是从维护维修管理发展到 EAM。EAM 旨在管理公司的资产，以优化其使用，从而实现资产投资回报的最大化。EAM 包括使用过程信息进行"健康状况分析"，以提供及时维护维修，同时尽可能降低对生产的影响。换句话说，相对于以产品为中心的视角，EAM 以企业的流程或资产为中心。

简而言之，ERP 系统需要基于产能的规划。EAM 帮助企业实现该产能。因此，EAM 不仅仅是维护维修管理，而 EAM 软件的定位也超越了单纯的维护维修管理软件。

11.4　小结

维护维修被称为尚待管理层征服的最后一块阵地。正如过去的先驱者敢为人先一样，在维护维修管理领域也有先驱者。他们已经在有效利用成本优势。可以在杂志文章中读到他们的探索，或在会议演讲中听取他们的经历。正如老一辈的先驱者会向人们讲述他们的故事，促使他人进行探索一样，也希望维护维修领域先驱者们的故事激励他人进入制造业最后的前沿。问题在不断发展变化，但解决问题也为人们带来了自豪感和成就感。

　　本章提出的最后一个问题是"您和您的企业能否应对挑战？"创新者推动进步的发生，而拖延者无法征服最后的阵地。您的归属取决于您和您的企业。您的选择将对您企业的生存能力有着长远而持久的影响。本书中的信息可以帮助您做出正确的决定。

维修管理最佳实践对标

当进行对标管理时，企业最好尽早就确定希望实现的目标。是真的想改进，还是只想给自己设定一些单纯的数字目标？如果真想进行对标管理，那么自我评估是一个重要的先决条件。

12.1 寻找对标管理合作伙伴

进行对标管理时最大的挑战之一就是要找到合适的合作伙伴。尽管各种文章和网站可能会建议一些潜在的选项，但重要的是找到一个真正适合于自己的合作伙伴，并且这个合作伙伴完整地记录了维护维修管理流程中的最佳实践。对标合作伙伴应该在一段时间内对目标流程进行监控，并且需要显示改进的可持续性。

一旦确定了合作伙伴后，必须明确需要与合作伙伴共享的内容。为了促进相互间更好地交流想法，必须事先准备一个可以共享的最佳实践案例。这里所指的最佳实践不一定需要是最优的，但它应该是合作伙伴感兴趣的。否则，对标管理就成为了一个单向的学习体验，合作伙伴可能很快就会失去兴趣。

在对标过程中，关于最佳实践的关键数据将得以确定。这些数据只应在参与该项目的人员之间共享。与对标项目以外的人共享数据既不明智又缺乏职业道德，并可能使许多企业远离对标管理。

12.2 对标管理中的相关变量

要实现准确的比较，需要对数据、正在评估的流程和参数进行清晰的理解。只有这样才能确保有意义的（苹果对苹果）的比较。本节将探讨一些对于对标管理具有挑战性的变量参数。

1. 设备可用性

企业首先面临的一个挑战，就是确定设备可用性的真正含义。只有当需要设备运行但又无法运行时，才应包括在设备可用性的计算里吗？那么空闲时间该如何考量？比如当设备没有运行，也没有计划运行时。再者，同样的设备，在产能不足的市场情况下，和产能过剩的市场情况下，设备可用性的定义又有怎样的不同呢？除非这些问题得到明确界定和理解，否则任何得出的基准都是无意义的。

2. 计划与排程

企业面临的另一个挑战，是定义计划与排程的效率。"已计划"的定义本身就非常重要。一项工作需要提前多长时间得以确认并排程，才可以被认为是已计划的工作呢？30天、一周或其他？在某些情况下，即便只有4h的提前量，企业也仍然将其定义为计划性工作。这么短期的计划时间无法提高维护维修的成本效益。计划期应至少确保7天或以上才可以将工作定义为计划性。将采用短期计划的企业与采用长期计划的企业进行比较和对标是毫无意义的。

同样，计划的内容与范围，可能也是具有挑战性的一个因素。外委供应商或设备及工具是计划的一部分吗？所说的计划是否包括人工和物料？如果工作的实际执行时间或实际使用的物料与计划相左，那对计划有效性的衡量是会产生怎样的影响？这些问题必须在与对标合作伙伴面谈时进行讨论。如果仅仅盯着数字是无法考虑到这些因素的。

另一个需要考虑的是，预防性维护工作是否被视为计划性工作。将预防性维护定义为计划性工作的企业，其计划性工作的比率自然会较高。而同理，当预防性维护活动不作为计划性工作进行考量时，计划性工作的比率就会相对低。因此理解计划性工作的范围是非常重要的。

3. 库存与采购管理对标

在库存与采购管理领域中，企业所面临对标管理的挑战是了解库存和采购数据。例如，缺货的定义到底是什么？是在工作计划时不可用，还是只有当准备执行工作时不可用才是缺货呢？这两个定义会对库存管理服务水平的计算产生巨大的差异。

库存占用资金成本是一个典型的用于库存管理对标的指标。企业的备件总值越低，那么库存占有资金就越低。相反，企业的库存备件总值越高，意味着库存占有资金就越高。而某些因素可能会让企业的库存管理指标看上去不太理想。例如，使用大量国外制造设备的企业必须储备大量的备件。因为设备发生故障时，获取这些备件所需时间可能非常长。事实上，一些设备供应商只在一年的某一段时间里制造相关备件。因此，如果企业使用国外设备，则需要设定较高的库存量。因此虽然表面上企业的库存成本增加了，但在该特定情况下这种高库存是必要的。

另一个对库存投资基准有巨大影响的因素，是公司与供应商的关系。在大都市地区，企业实际上可能与供应商存在委托寄售关系。在这种情况下，供应商会为企业准备备品备件，在实际使用备件之前企业不需要对备件具有所有权。这种关系在偏远地区则难以发展。因为供应商与工厂相距较远，因获取备件造成的停机时间成本将过高。除非对这些因素有明确的理解，否则设置基准是毫无意义的。

第三个因素是企业可以资本化的备件数量。在一些公司，主要备件被计入整体设备购置成本的一部分。这些备件将不再显示为库存成本。如果一家企业没有采取这种方式，则他们的库存成本将远远大于采用这种备件资本化的同行。如果对标管理的合作伙伴之间的备件成本存在巨大差异，则必须对这样的"隐性因素"加以调查。

4. 维护维修使用的人力资源

另一个挑战，是了解如何计算维护维修的人力资源。是只考虑现场作业的人工吗？还是所有那些参与了执行维护维修活动的直接相关工时都应包括在内？因为和外委供应商的结算都是来自单独的预算，他们的人工是否作为维护维修人工的一部分来计算呢？不同企业如何计算人工可能存在很大差异。

同样，对操作员主导的维护成本进行比较，可能也是具有挑战性的。为了正确计算这种维护量，企业应将操作员主导的维护活动时间转换为对应的全日制当量，并将其工时数计入到维护人工成本中。如果在这点上与对标合作伙伴存在计算方式上的差异，则两家企业将面临维护人工成本的巨大差异。

5. 维护维修成本比较

总维护维修成本是在对标中经常用到的指标。可以基于生产参数或每 ft^2 的参数进行比较。如果不了解维修组织的运作方式，可能会使用不当这项指标。纠正性维修活动通常比主动维护维修活动成本高出 2～4 倍。因此，如果进行成本收益分析，主动性维护模式的益处可以自动显现。但是如果仅仅基于成本的比较，高层管理者可能会认为维修成本过高，并立即开始降低成本。为了实现维护维修成本基准，企业需要在初期增加一定的支出，以实现从被动模式向主动模式的转化。在实现了主动性维护维修模式后，维护维修成本将应该能够正常化。然而，如果管理层过早地进行成本削减，则将无法获取实现主动性维护维修所需的资源，企业所期望的收益也自然无法实现。

另一种对待维护维修成本的方法，是将人工成本与物料成本进行比较。一般的基准应该是人工和物料各占 50%。在某些行业，人工可能会占到 60%，物料为40%，也可能相反。然而，如果偏差到了 30%～70% 的比率，则可能是存在过多的零部件替换或者大量的人工是被浪费的。没有这种比较，而单单看维修费用是不完整的。想要实现真正有价值的对标管理，就需要提前对本企业和合作伙伴进行详细的分析。

另一个可能对成本比率产生巨大影响的是计划和排程的有效性。维护维修计划和排程越有效，则企业整体维护维修成本就越低。相反，如果企业以被动的纠正性维修为主，则计划与排程有效性就越低，其总体维护维修成本也就越高。

非计划性维修工作的成本是计划性维护维修工作的 2～4 倍。有效计划与排程将使企业获得成本效益。相反，采用被动的维修模式的企业会招致额外的成本损失。在任何维护维修管理对标中，必须对计划和排程的效率进行审视。

6. 预防性维护

预防性维护计划是维护维修对标管理中的另一个常见领域。然而，这个针对预防性维护计划的对标并不像看起来那么容易。什么是预防性维护活动？在一些企业，预防性维护计划包括在执行预防性维护任务时，发现需要进行的维修工作；而在其他一些企业，这些后期的维修则不包括在预防性维护中。在这些企业中，完成预防性检查工作后，会生成工单，以对所需执行的维修工作进行计划和排程，并按照计划执行。而前者的处理方式可能比后者的成本更低。

然而，如果企业在预防性维护检查期间执行了过多的维修工作，则其整体预防性维护成本，将高于对预防性维护期间所能执行的维修工作限定在较低水平的企业。当然以上讨论的目的不是要指出这两种方式的对错。而是要强调，除非清楚地理解预防性维护活动的实际操作方式，否则难以进行准确的比较。

12.3　对标管理中的隐性因素

本节考虑的这些隐性因素，可能使企业能够在对标中体现出更好的数值表现。然而，如果不加以仔细审视，这些因素是很难发现的。因此在任何对标项目中，应该对这些因素进行细致的检查。

1. 组织影响

当审视维护维修组织时，有必要了解几个因素。第一个是组织架构。应该采用集中式、分散式还是两者的结合？如果一个组织采用了错误的组织架构，其成本将高于因人力资源浪费或设备非计划停机过多而造成的额外成本。此外，如果组织架构与维护维修业务计划没有明确的关联，那么很难将一个企业的结果与另一个企业的结果相对比。

第二个因素是汇报线路。如第3章中所述，维护维修职能在企业内部可以有多种汇报线路。这对综合维护维修对标将产生巨大影响。因此，对标合作伙伴之间必须对维护维修职能的汇报线路达成明确的定义和共识，这样才能实现任何有意义的比较。

目前市场上的低成本制造商，都不会采用基于运营团队或业务部门的分散式维护维修组织模式。采用这种分散式维护维修模型将导致冗余资源和过高成本。如果参与对标项目的企业使用了此模式，则需要仔细审视该模式对所有统计数据的影响。

2. 管理层与员工的态度

员工的态度在考虑对标基准时非常重要。基层员工的整体态度对于实现最佳实践至关重要。一项调查显示，员工的态度比其他任何因素都更加能够影响对标结果。假设一个工厂对于维护维修的态度是：维护维修仅仅是不得已而为之，而不是整体盈利的贡献者；而另一家工厂认为：维护维修是盈利能力的贡献者和生产部门的重要合作伙伴。显而易见，这两家企业的对标数据将明显不同。

在工会组织与管理层存在敌对关系的工厂，其对标结果也存在显著差异。当将这种类型的工厂与具有合作态度的工会组织和管理层的工厂进行比较时，维护维修对标的结果也将大相径庭。然而在许多对标研究中，这个因素从来没有被明确提出。要深入了解对标统计数据背后的推动因素，则必须审视这一领域。

在考虑员工的态度时，还需要审视管理层的态度。高层管理者对维护维修管理的理解因工厂而异。如果企业的高层管理者了解并正确管理维护维修职能，则高效的维护维修使企业更加具有竞争力。然而，如果高层管理层不能正确理解和管理维护维修职能，则会造成资源的浪费，企业的总体维护维修成本比其他工厂也会高得多。在许多情况下，高层管理者只是在表面问题上投入资源，而不是理解和纠正问题的根本原因。这将导致维护维修的过多费用，并且很少或没有长足的改进。当对不同工厂进行对标时，了解高层管理者对维护维修的态度很重要。他们的视角是影响维护维修职能发挥作用的重要因素。

研究表明，维护维修成本最高的企业中，技术人员通常都是在忙于处理故障。在这些工厂，技术人员没有机会花时间深入了解故障的根本原因；他们无法避免故障的重复发生，或制订预防性和预测性解决方案。从财务角度来看，这些工厂通常是表现最差的。

工厂可大致分为两类。第一类以故障维修为主导。即便设备即将失效，而维护维修部门的任务是快速响应修复设备。这种类型通常被称为灭火型或被动反应型维修组织。它没有机会调查故障原因，而是专注于"修复"。当维护维修团队不忙于"灭火"时，它会专注于低优先级的工作而表现出很忙碌的样子，这样做是为了给疲于"灭火"的维修人员争取更多的休息时间。

第二类则是以可靠性为主导的组织。在这里，人们并不预期设备故障的发生。当设备故障确实发生时，他们被视为例外情况，并被认为通常是由于维修策略或管理重心的一些缺陷造成的。故障重复发生及相关成本被认为是不可接受的。以可靠性为主导的组织在其各自的市场中始终是低成本的受益者。在开始对标之前，有必要了解企业所采用的模式以及其关于设备故障的理念。

12.4　其他针对最佳实践的驱动因素

最佳实践企业的管理层在进行可靠性管理时遵循以结果为导向的原则。他们在必要时进行永久有效的维修，但毫不松懈地评估设备状态。因此，他们持续分析工厂数据。他们的决定不是基于猜测，而是基于实际数据，使他们能够做出最佳财务决策。

另一个管理上的驱动因素是认识到工厂可靠性不是靠维修取得的。维护维修的根本目的不是为了简单地执行某项任务，而是为了消除故障的根本原因。在最佳实践组织中不能接受偷懒和懈怠。维护维修是服务于持续改进和优化的手段。

最佳实践的另一个推动因素是运营信息及其价值。这些最佳实践企业认识到，数据其实是公司的资产，这些数据必须得以充分利用，不仅在当前还有将来。他们不能接受任何不记录数据的借口，也不接受在规划未来活动时不使用数据。从实际数据出发的决策消除了"我想"和"我觉得"的综合征。从财务角度来看，企业所有基于数据的活动都是合理的。

问责制也是一个管理上的推动因素。最佳实践企业将维护维修视为核心业务流程。他们制订详细的3~5年的维护维修业务计划。他们设置可靠性绩效目标、企业目标、维护维修预算、可靠性改进目标和用于设备改进的预算。这些目标一旦设定，维修经理就要对结果负责。如果没有问责制，那么企业就不会严格遵循成本效益原则，也无法实现问题的有效解决和基于预算的管控。在最佳实践企业中，维修经理是一个关键职位，必须由合适的人员担任。

许多最佳实践企业都在实施的一个做法，是设备或工艺流程的操作员责任制。这种做法有助于维修部门优化设备效益，强化了操作员作为设备第一责任人的意识，从而提升了设备和工厂的产能，进而对企业盈利能力产生有利影响。当对企业进行对标管理时，请审视此领域，因为它会对任何基准的制定产生影响。

早在1989年，关于《最佳维修组织奖》一文（见《天空杂志》1989年9月）的摘要中，就强调了即使是现在和对标管理也仍然相关。

1）最佳实践企业的基础工作都做得很好，但即使是最佳的，仍有改进的余地。研究表明，所有工厂设备故障中的一半，都可以归因于对基础工作的忽略。如果最佳实践企业都在关注基础工作，那么难道其他企业不该这么做吗？在与最佳实践公司对标时，基础工作受到了极大的关注。这是一个在与最佳实践企业对标时应被视为隐性推动因素的领域。

2）最佳实践企业并没有采用多么先进的维护维修管理技术。这个认识是重要的，并且与第一点认识紧密联系。这里并不存在可以使企业做到最好的、具有魔法的黑盒子。专注基础和注重细节将有助于企业脱颖而出，成为最好的。再先进技术也无法做到这一点。只有专注的管理，以及具有高度积极性和被充分授权的员工队伍，才能实现最佳实践。

3）个人领导力是最佳实践企业中的最常见因素。以设备效率最大化为重点的积极领导，是使企业实现最佳绩效的关键。在被认为是最优秀的企业中，一个共同的元素是，总有一个具有高度积极性和以业务为导向的维修经理。没有这样的人，企业要实现最佳实践，即便可能也会非常困难。

1. 最佳实践对标：基于资产价值的对标

一个快速获得认可的对标指标，是将总维护维修成本除以工厂或设施的估计重置成本（Estimated Replacement Value，ERV）。维护维修成本可以很容易地从维护维修预算或财务信息中得出。估算工厂或设施的重置成本则较为复杂。然而，许多企业会采用保险价值作为参考。虽然这个数字通常不是确切的答案,但这是一个很好的起点。一些企业则从其财务部门获取此信息。

该指标的衍生指标是备件投资占估计重置成本的百分比。这一指标的计算是将维修备件年度消耗的总成本金额除以工厂或设施的估计重置成本。该值几乎总是等于上一指标的一半。这增加了本书前面所讨论的维护维修预算指南的可信度。

另一估计重置成本的衍生指标是平均每个维护维修技术员所维护维修资产的价值。这一指标基本上是维护维修技术员负责维护维修的资产的人均货币价值。这是一个公平的指标,因为它不涉及如维修部门员工数与工厂人数等指标。表 12-1 对这些指标进行了总结。

表 12-1 基于资产价值的对标

指　标	下　限	上　限	最佳实践
维护维修成本/ERV	2%	5%	2%
库存投入/ERV	0.8%	1.2%	1%
ERV/维护维修 技术员总数	4000000（美元）	10000000（美元）	7000000（美元）

2. 最佳实践对标:维护维修人员配置

在此需要考虑三个主要的人员配置指标。第一是维护维修技术员与主管的比率。大致范围是每个主管管理 8~15 名技术员,最佳实践标准是平均每个主管配备约 10 名技术员。

第二个人员配备比是技术员与计划员的比率。该比率的范围应为每个计划员负责 15~25 名技术员的工作计划。最佳实践平均标准是每个计划员负责约 20 名维护维修技术员。任何高于 25∶1 的比率对于工作计划来说都可能是灾难性的。在这种情况下,计划员不再有时间进行真正的计划,这样的比率无益于提高维修组织的工作效率。

第三个人员配置标准是,平均每个维护维修工程师所负责资产的 ERV。在图 12-2 中,该比率范围相当宽,可以从 5000 万~2.5 亿美元。最佳实践标准约为 1 亿美元。之所以范围较广,是因为维护维修工程师的工作职责很难统一。当企业对这个职位的职责定义越来越清晰时(见第 3 章),这个比率将接近最佳实践标准的 1 亿美元。表 12-2 对此进行了总结。

表 12-2 人员配置对标

指　标	下　限	上　限	最佳实践
技术员与主管比率	8∶1	15∶1	10∶1
技术员与计划员比率	15∶1	25∶1	20∶1
ERV/维护维修工程师总数	5000 万美元	2.5 亿美元	1 亿美元

3. 维护维修和销售成本

另一种考量维护维修成本的方法是将其与总销售成本进行比较。这种比较方法显然不及将维护维修成本与资产的 ERV 进行比较。然而，因为许多企业确实在进行这种比较，故在本书中有所提及。但这不是对维护维修成本的恰当评估，因为销售总成本是可变的，并且维护维修职能并不能控制其成本计算中的其他变量。

该指标的范围一般在 1%~5%，最佳实践标准约为 2%。同理，维护维修人工成本和维护维修物料成本约各占销售成本的 50%。表 12-3 对此进行了总结。

表 12-3　维护维修成本与总销售成本的比较

指　标	下　限	上　限	最佳实践
维护维修 总成本/总销售成本	1%	5%	2%
维护维修人工 总成本/总销售成本	0.6%	2.5%	1%
维护维修物料 总成本/总销售成本	0.4%	2.5%	1%

4. 维护维修绩效

与维护维修绩效有关的对标指标可分为三组。第一组中的第一个指标是工单覆盖率，显示通过工单进行汇报和执行的维护维修工作的百分比。基准范围为 60%~100%。最佳实践标准为 100%，即所有工作都以工单的方式得到记录，以供将来参考和报表分析。

第二个指标是预防性维护的规范性。从完成率考量，其范围约为 65%~100%。最佳实践标准是 100%，即所有预防性维护任务都能按照预定计划和排程完成。如果低于 100%，会在设备可用性上有所反映。

对于维护维修的总体计划合规性来说，范围约为 35%~95%。最佳实践标准为 95%。虽然看起来应该是 100%，但在现实中不太可能，因为很难完全避免紧急的故障维修工作。达到 95% 的企业被认为实现了最佳实践。表 12-4 对这些指标进行了总结。

表 12-4　维护维修绩效（一）

指　标	下　限	上　限	最佳实践
工单覆盖率	60%	100%	100%
预防性维护的规范性	65%	100%	100%
维护维修总体的规范性	35%	95%	95%

第二组的第一个指标是计划性维护维修工作所占比例，基准范围约为 35%~

95%。最佳实践标准应高于80%。此范围无法十分具体，因为企业所处行业和业务类型特点决定了可以完成的计划工作量将有所不同。只要把非计划性工作控制在小于20%的范围内，即意味着80%或以上的工作都能够得以事先计划和排程，企业则可以被认为是实现了最佳实践。

本组第二个指标则是操作人员参与预防性维护计划的比例。基准范围约为10%~40%。最佳实践标准则因相关因素差异而有所不同，如工作类型、设备类型、操作员的技能水平、安全和健康规定以及工会协议等。所有这些变量都会影响操作人员在预防性维护活动中的参与程度。操作人员参与的目标是优化维护资源配置，使更多的维护维修资源可以专注于预测性和视情维修活动。只要达到了最优效果，就可以认为企业实现了最佳实践。

该组最后一个与维护维修绩效相关的指标，是外委供应商的参与度，一般范围为10%~100%。最佳实践的比率取决于业务需求。对于某些企业来说，使用更多的外委服务可能更利于业务发展；而对另一些企业，则最好依靠内部资源开展维护维修活动。无论做出什么决策，都应基于财务考量。只要做出正确的决定，企业实现了外委与内部维护维修的最佳平衡，便实现了最佳实践。表 12-5 对此进行了总结。

表 12-5　维护维修绩效（二）

指　标	下　限	上　限	最 佳 实 践
计划性工作比率	35%	95%	>80%
操作员在预防性维护中参与度	10%	40%	视情况而异
外委维护维修成本/维护维修总成本	10%	100%	视情况而异

第三组审视维护维修绩效的指标见表 12-6。第一个指标是与维护维修总工时数相比，用于预防性和预测性维护活动的工时百分比。基准范围为20%~50%。最佳实践平均标准为50%，允许企业有30%~40%的纠正性维修和小于20%的非计划紧急维修。

该组中的第二个指标是非计划作业工时数与总工时数的百分比。该指标的范围为5%~50%或以上。最佳实践标准为小于10%。如果能将该比率控制到20%以下，说明企业的维护维修管理做得还是不错的，但不应该满意于这样的结果，小于10%才是最佳实践标准。如果一个企业可以实现这样低比例的非计划性工作，就可以被认为是一个最佳实践组织。

该组最后一个指标是工作效率，即通常所说的"有效工作时间比率"。这是现场技术人员每小时中的实际有效工作时间比率。对标显示在被动反应型企业中该比率约为20%，而在主动性维护维修模式企业中该比率可达60%。一个企业计划和排程工作越多，它就会越接近最佳实践标准的60%。一个工作效率为20%的企业的维护维修成本是最佳实践企业完成相同工作所需成本的三倍。表12-6对这些统计数据进行了汇总。

表 12-6 维护维修绩效（三）

指 标	下 限	上 限	最 佳 实 践
预防性维护＋预测性维护总工时数/维护维修总工时数	20%	50%	50%
非计划性工作工时数/维护维修总工时数	5%	50%	<10%
有效工作时间比率	20%	60%	60%

5. 设备性能

由于维护维修影响资产的性能，因而关注设备性能的指标也在此提及。该组的第一个指标是设备可用性。该基准范围为65%～99.9%。在现实中，最佳实践标准因具体情况而异。因为设备可用性越高，其相应维护维修成本也就越高。因此，企业应基于生产成本确定所需的设备可用性水平。如果一个公司所需的设备可用性水平为90%，那么实现99.9%的设备可用性就意味着资源的浪费。最佳实践标准应由每个公司针对每台设备或工艺流程而确定。

第二个指标是设备效率。它将一台设备的实际产能与其设计产能进行比较。这个指标的范围约为75%～95%。最佳实践标准为95%或更高。与设备性能一样，95%的水平是否足够要取决于产品。试图使设备实现100%的效率可能并不值得，这是企业管理者必须做出的决定，但95%通常是最佳实践的阈值。

该组的最后一个指标是设备综合效率。目前有观察到某些企业的设备综合效率低于20%，而有些企业高达85%或更高。最佳实践标准取决于企业的需要。投入过多以期达到85%的设备综合效率，对于某些企业来说并不合理。而对于有的企业，85%的设备综合效率可能还偏低。在为特定工艺流程或设备设置最佳实践阈值时，必须考虑所有业务因素。表12-7对以上指标进行了总结。

表 12-7 设备性能

指 标	下 限	上 限	最 佳 实 践
设备可用性	65%	99.9%	视情况而异
设备效率	75%	95%	>95%
设备综合效率	<20%	>85%	视情况而异

6. 维护维修库存

该系列指标聚焦在维护维修库存。第一个指标是库存周转率，范围从0.5～

1.4。最佳实践标准因具体情况而异，但趋势接近 1.4。影响这个指标的因素包括是否使用了国外设备、备件可用性和供应商的位置等。这些因素都有可能降低库存周转率。

第二个相关指标是仓库服务水平，范围从 80%～99%。最佳实践标准一般介于95%～97%。该范围基于企业的业务决策。低于 95% 的服务水平将造成由于部件缺货而导致的不必要停机。服务水平高于 97% 通常表示库存量过高。确定最佳实践标准需要在停机时间成本和库存持有成本之间进行平衡。

该系列的最后一个指标，是仓库管理人员的人均库存备件交易金额。这个指标会显示仓库管理人员的配备是否合适。该指标范围从年度 35 万～60 万美元不等。最佳实践标准因企业业务决策而有所不同。该决策涉及诸如仓库位置、服务的生产班次、服务的维修班次和位置之类的因素。在一些企业中，维护库存管理与维修组织的设置并不匹配，这种情况下较低的范围是可接受的。如果仓库的位置得到优化，那么该指标应该相对更高。由于此类指标没有确定的基准，表 12-8 中的数字仅仅表示可能的范围，以供参考。

表 12-8　维护维修库存

指　　标	下　　限	上　　限	最 佳 实 践
库存周转率	0.5	1.4	视情况而异
仓库服务水平	80%	99%	95%～97%
库存管理人员人均年度库存交易额	350000 美元	>600000 美元	视情况而异

7. 维护维修培训

最后一组指标与维护维修培训相关。第一个指标是员工的人均培训支出。该指标范围从人均 607～2000 美元不等。最佳实践标准因具体情况而异，因为该指标受到其他几个因素的影响。培训费用取决于员工目前的技能水平和其培训需要。如果企业的员工队伍训练有素，并且目前没有实施现代化升级改造，那么人均培训支出较低也是可以接受的。然而，如果一个企业已经发现员工存在技能缺陷并且正在引入新技术，则较高的人均培训支出可能依然不足。这个基准的制定需要对当前的商业环境和员工技能的状况进行平衡。

第二个指标是培训支出相较于员工工资的百分比。该指标范围约为 1.65%～4.39%。与上一个指标相似，最佳实践标准也因具体情况而异。

最后一个指标是，技术培训费用占总培训费用的百分比。该指标范围从低于20% 到大于 50%。最佳实践标准也因具体情况而有所不同。技术培训不应因为法规要求或软技能培训而被牺牲。技术培训应基于已发现的技能缺陷以及正在引进的新设备进行具体说明。表 12-9 对这些指标进行了总结。

表 12-9 培训

指 标	下 限	上 限	最 佳 实 践
人均培训支出	607 美元	2000 美元	视情况而异
培训支出占工资比率	1.65%	4.39%	视情况而异
技术培训支出/培训总支出	<20%	>50%	视情况而异

12.5 小结

为什么要进行对标？企业的现行做法和最佳实践之间的差距使企业感到不满，因而产生了改变的愿望。拜访对标合作伙伴，观察、了解和学习最佳实践，有助于确定企业可以改变什么和如何改变；这提供了一个现实的、可实现的未来愿景。没有这个愿景，许多人永远都无法完全理解企业成功的方向究竟是什么。

想要改变的企业总是面对"我们一直都是这么做的"的论调。然而这真的可以成为我们一直继续做同样事情的理由吗？仅仅基于过去的业绩，然后上下浮动10%的年度目标，在快速变化的时代是毫无意义和具有破坏性的。

探索那些结合在一起可以产生卓越绩效的有形和无形的因素，是非常有必要的。那些和正在进行的对标活动有直接关系的人员都应该参与其中。没有他们的直接参与，这些人可能不会接受企业所设定的愿景。而没有他们的支持，任何对标都无法获得真正的成功。

对标并非没有局限性。基准可能变化过快，因为国际标准正在迅速提升。一些基准也可能过于保守。或者现实中，基准常常只是沦为要实现的数字，而真正的目标——"持续和快速改进"却很快弱化了。

为了确保企业能够从对标管理中获得最大收益，必须牢记以下四个因素：

1）对标指标提供了与对标合作伙伴之间系统对比的工具。

2）对标基准描述了企业在绩效方面与对标合作伙伴之间在特定领域的差距。

3）对标管理有助于企业识别最佳实践及推动因素。

4）对标基准设置了目标流程的绩效目标，并明确可以采取哪些行动提高绩效。

对标基准不会保持长期不变。在这个持续而快速变化的时代，长期不变的基准只会意味着平庸。只有将对标管理视为持续改进规划的一部分，企业才能够保持可持续性发展。

对标有助于发现改进机会，唤起人们面临挑战的热情，并设定里程碑目标。但对标不是业务的终点，而持续改进也不会有终点。如果一个公司的对标项目没有收获，那就说明对标过程本身存在问题。如果这时没有认真回顾、不去发现和纠正错误，那么将来的对标项目也不会取得成功。

　　对标项目可能犯的另一个错误是前期分析过于冗长，因为这往往使得人们推迟做那些真正有用的事，从而延迟改进。对标并不需要过于细致的前期审计与分析。企业可以快速识别和实施所需的变化，从而及时获得收益。

　　总之，你需要向自己提出以下问题：

　　1）你能通过改进维护维修，帮助企业实现相应收益吗？

　　2）你会把对标作为持续改进的工具吗？

　　3）你能确保为了恰当的原因进行对标吗？

　　如果你对这些问题的答案是肯定的，那么你将帮助企业提升竞争地位，确保企业有更加美好的未来。

图书在版编目（CIP）数据

对标最佳实践：实现维修、可靠性与设备资产管理的卓越绩效：原书第 3 版/（美）特里·维尔曼（Terry Wireman）著；董良，孙慧凌译. —北京：机械工业出版社，2019.3

书名原文：BENCHMARKING BEST PRACTICES FOR MAINTENANCE，RELIABILITY AND ASSET MANAGEMENT：UPDATED FOR ISO 55000 THIRD EDITION

ISBN 978-7-111-61246-9

Ⅰ.①对… Ⅱ.①特… ②董… ③孙… Ⅲ.①制造工业 – 工业企业管理 – 资产管理 – 研究 Ⅳ.①F407.406

中国版本图书馆 CIP 数据核字（2018）第 249855 号

机械工业出版社（北京市百万庄大街 22 号　邮政编码 100037）
策划编辑：孔　劲　责任编辑：孔　劲　张丹丹
责任校对：佟瑞鑫　封面设计：鞠　杨
责任印制：孙　炜
北京玥实印刷有限公司印刷
2019 年 3 月第 1 版第 1 次印刷
169mm × 239mm · 11.25 印张 · 218 千字
0001—2500 册
标准书号：ISBN 978-7-111-61246-9
定价：69.00 元

凡购本书，如有缺页、倒页、脱页，由本社发行部调换

电话服务　　　　　　　　　　　网络服务
服务咨询热线：010-88361066　机 工 官 网：www.cmpbook.com
读者购书热线：010-68326294　机 工 官 博：weibo.com/cmp1952
　　　　　　　010-88379203　金 书 网：www.golden-book.com
封面无防伪标均为盗版　　　教育服务网：www.cmpedu.com